Poezja Katarzyny

Chcę...

Historia Pewnej Miłości Wierszami Spisana

Katarzyna
Nowocin-Kowalczyk

Chcę...

Historia Pewnej Miłości
Wierszami Spisana

Numer ISBN: 979-8-9868604-5-9

Tytuł oryginalny:
CHCĘ… Historia Pewnej Miłości Wierszami Spisana
Autor: Katarzyna Nowocin-Kowalczyk

Ilustracje: Marek Szczęsny
Projekt okładki: Kay Umland

Pierwszy druk 2022

Wydawca: Katarzyna Nowocin-Kowalczyk
knowocin.kowalczyk@gmail.com
https://www.katarzynank.com/

Dla Ciebie

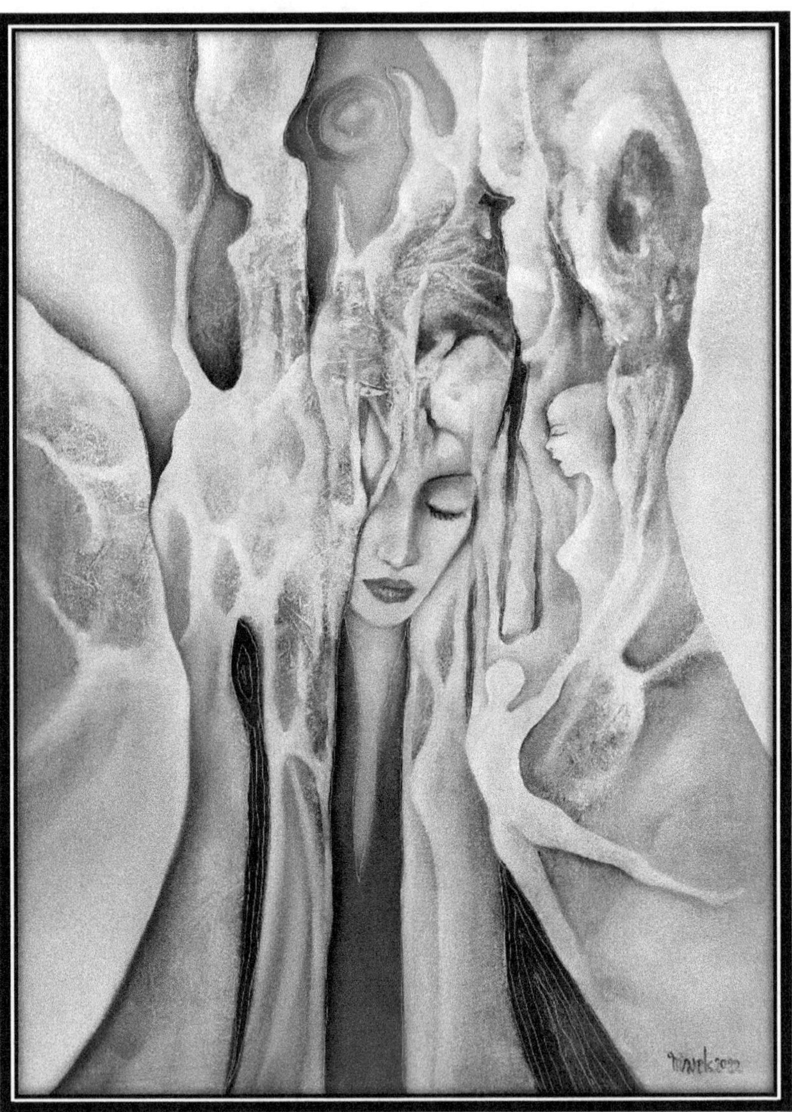

Recenzja

Tomik poetycki **'Chcę...'** to wiersze bardzo osobiste, wręcz intymne. Utwory o dość jednoznacznej treści, mówią przede wszystkim o miłości i jej pięknie. To subiektywny, nie pozbawiony jednak uniwersalizmu, zapis przeżyć, przemyśleń i poufnych zwierzeń. Każdy wiersz jest jak opowiadanie o uczuciach, namiętnościach i tęsknotach. To, wzbogacona lekką nutką erotyzmu, osadzona w duchowości, szczera, czysta w intencji, swoista spowiedź poetycka o głodzie miłości.

Miłość w **'Chcę...'** pozbawiona tragedii i dramatu, pokazana z odrobiną sentymentalizmu i tęsknoty jest tu jednoznacznie piękna i uniwersalna. Świat się rozpędził i gubi gdzieś uczucia a Katarzyna głośno woła, aby pozwolić miłości wypłynąć na powierzchnię, żyć w harmonii z samym sobą, słuchać i rozumieć siebie, poszukiwać. Czytając wiersze Katarzyny odnajdowałem chwilami samego siebie a raczej swoje przeżycia z przeszłości.

Kim jest autorka, której tomik poetycki warto zapamiętać? Oto jak w wierszu *„Siła Kobiety"* przedstawia samą siebie:

„Bo Ja Jestem Aniołem i Demonem
Wodą, ogniem, Twoim oddechem
Tajemnicą, bramą do raju"

Zbigniew Mucha - księgarz z Piaseczna

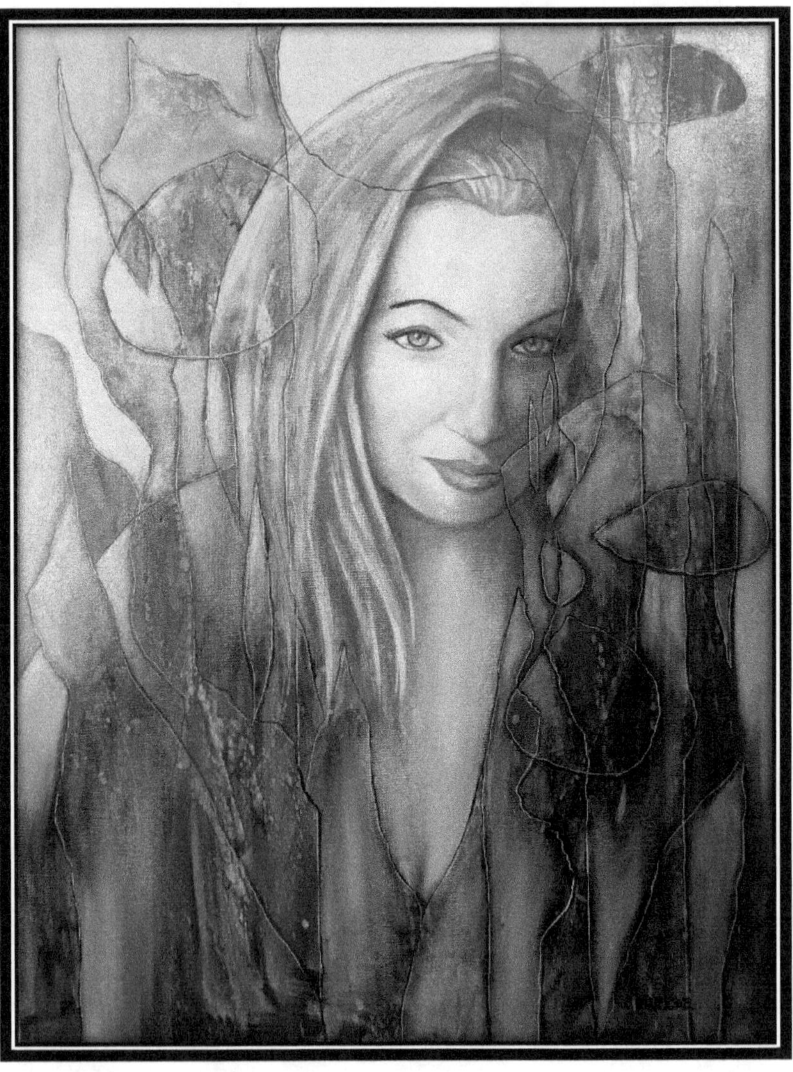

Od autora

I zdarza się czasem tak, że spotykasz Kogoś. Drogi się krzyżują. Wzrok się krzyżuje. Oczy spotykają oczy. I to jest ten moment, kiedy zaczyna dziać się Magia. Słyszysz, jak dusza rozmawia z duszą. Patrzysz w oczy Kogoś i widzisz Siebie. Przeglądasz się w lustrze… I w tej jednej chwili, Twoje życie wywraca się do góry nogami. Już nic nie jest takie, jakim było ten moment wcześniej.

*Ale jest to też ten moment, kiedy nagle rozumiesz, że na ten moment, ta miłość jest niemożliwa. Dlaczego? Bo to nie jest ziemska miłość. To miłość płynąca z Wszechświata. Miłość bezwarunkowa. Absolutna. Boska. I aby ta miłość była możliwa, najpierw musisz tę miłość zrozumieć. Dostroić się do niej. Dorosnąć. Przejść samotnie drogę wojownika i stać się Jednością w sobie. Przejść przez piekło, zmartwychwstać i znaleźć schody do Nieba. I dopiero wtedy, kiedy to zrobisz, Dwa stanie się Jednym. Niemożliwe stanie się możliwe. A to wszystko zaczyna się od słowa: **„Chcę…”***

Katarzyna Nowocin-Kowalczyk

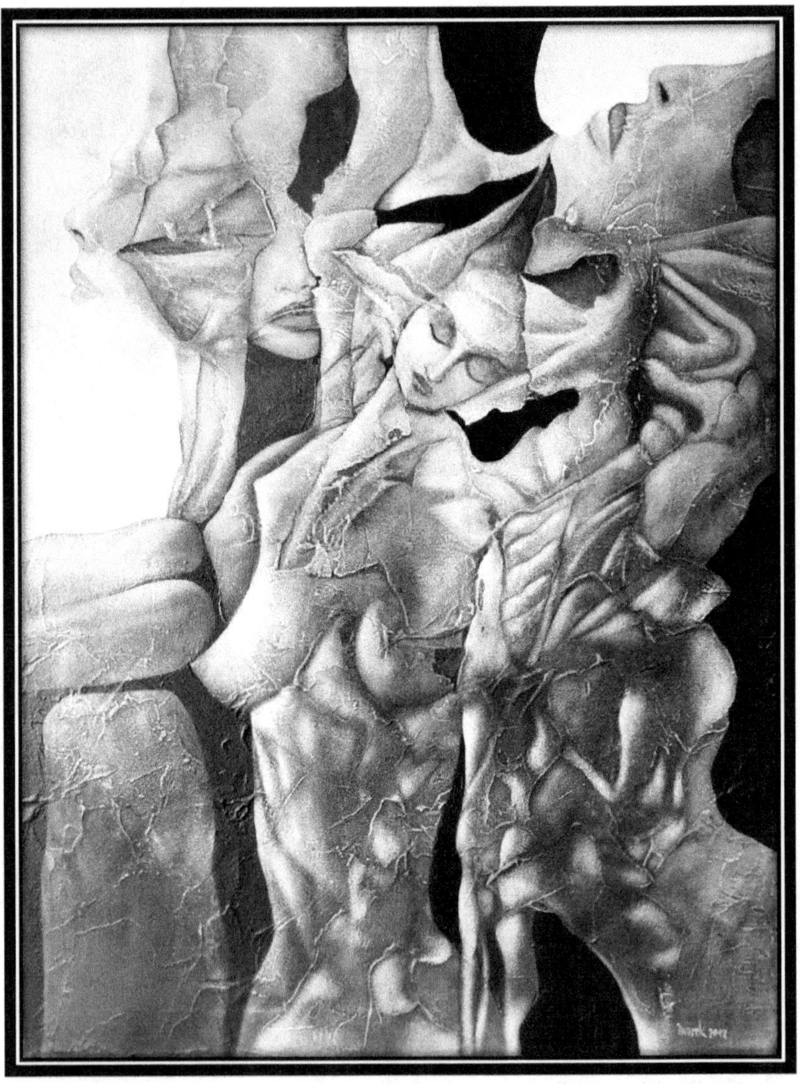

Prolog

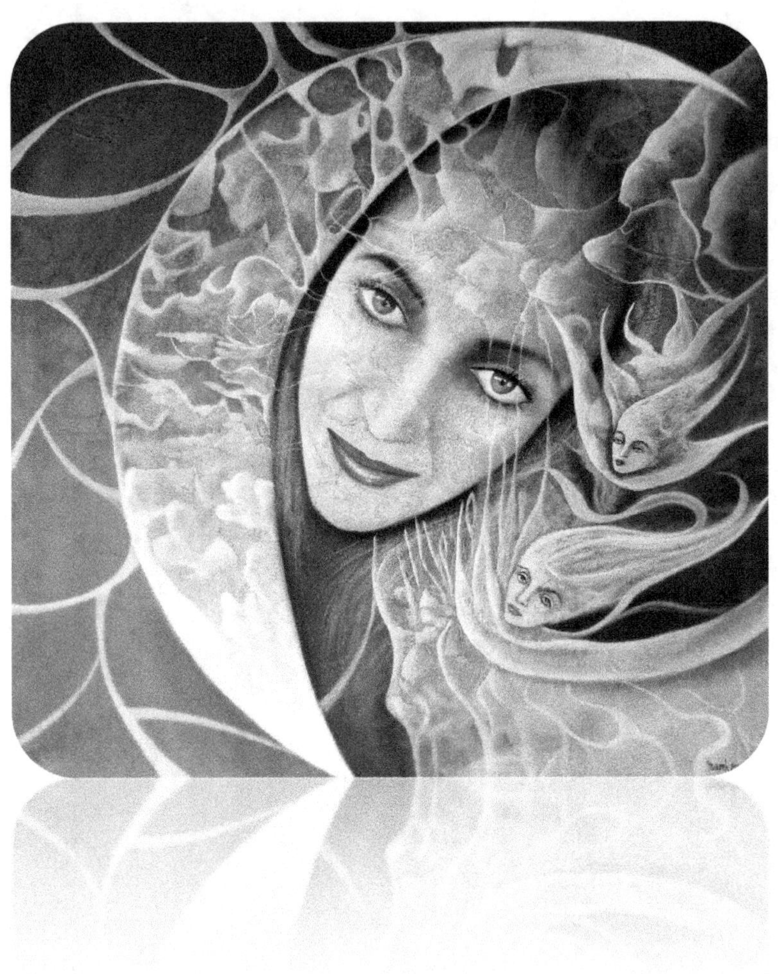

Życie Jak W Bajce

Życie jak w bajce?
Wyrusz w daleką podróż,
Wyznaczaj cele,
Pokonaj przeciwności,
Zabij smoka,
Poznaj samego siebie,
Naucz się kochać,
Naucz się patrzeć sercem.
Życie w bajce, to podróż Twojego życia.
Podróż przez życie,
ale też podróż do Twojego wnętrza.
Jeśli odrobisz swoją lekcję,
Zrozumiesz sens życia,
Zrozumiesz siebie,
wtedy osiągniesz Spokój.
Ból jest częścią tej podróży.
Sprawia, że stajesz się silniejszy.
Jaki będzie ten Twój Happy End
zależy li tylko od Ciebie.

Płomienie

Wymyślony chłopak
Wymyślona miłość
I wymyślony świat

Bliźniacze płomienie
Zgubione w świecie złym
Iluzja to, czy żart

Chociaż się kochają
Choć długo szukają
Tak trudno razem być

Często w oddaleniu
Ale przecież razem
Wzrastają, miłują

Lustro

Wreszcie spotykają
Jego oczy moje
Jej spojrzenie Twoje

Wymyślony chłopak
I ta dziewczyna z gwiazd
Przyszli uwolnić świat

By miłości uczyć
Miłość tę pokazać
I w miłości wzrastać

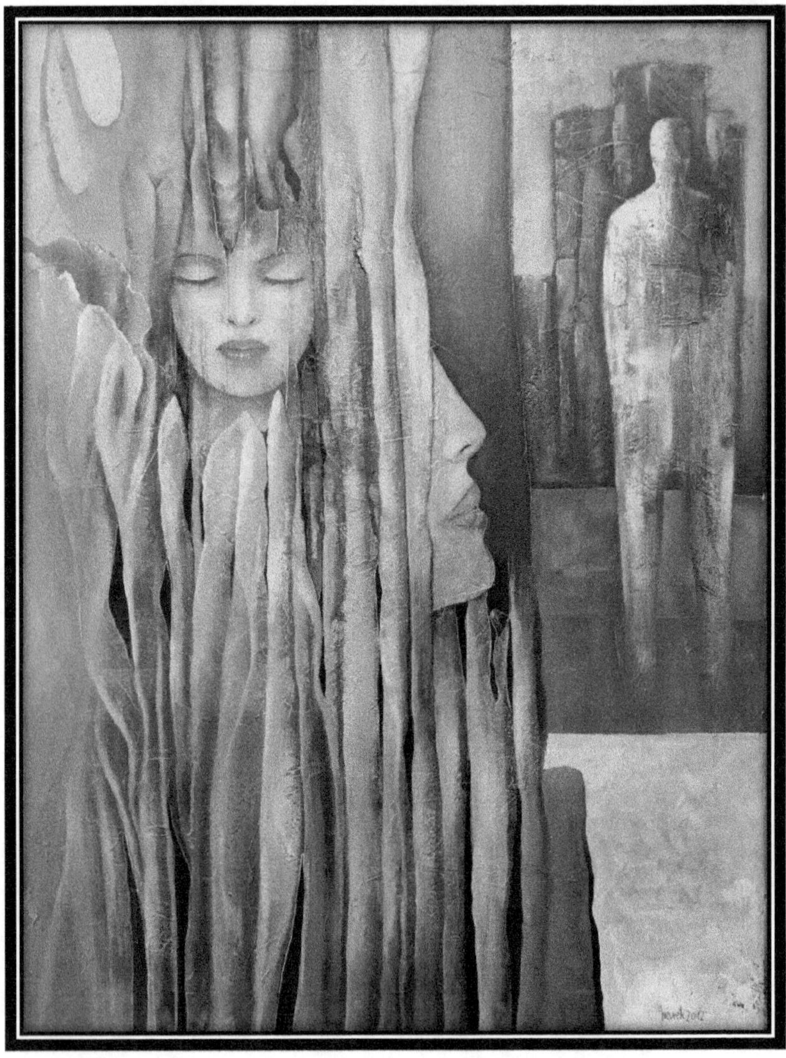

Lustro

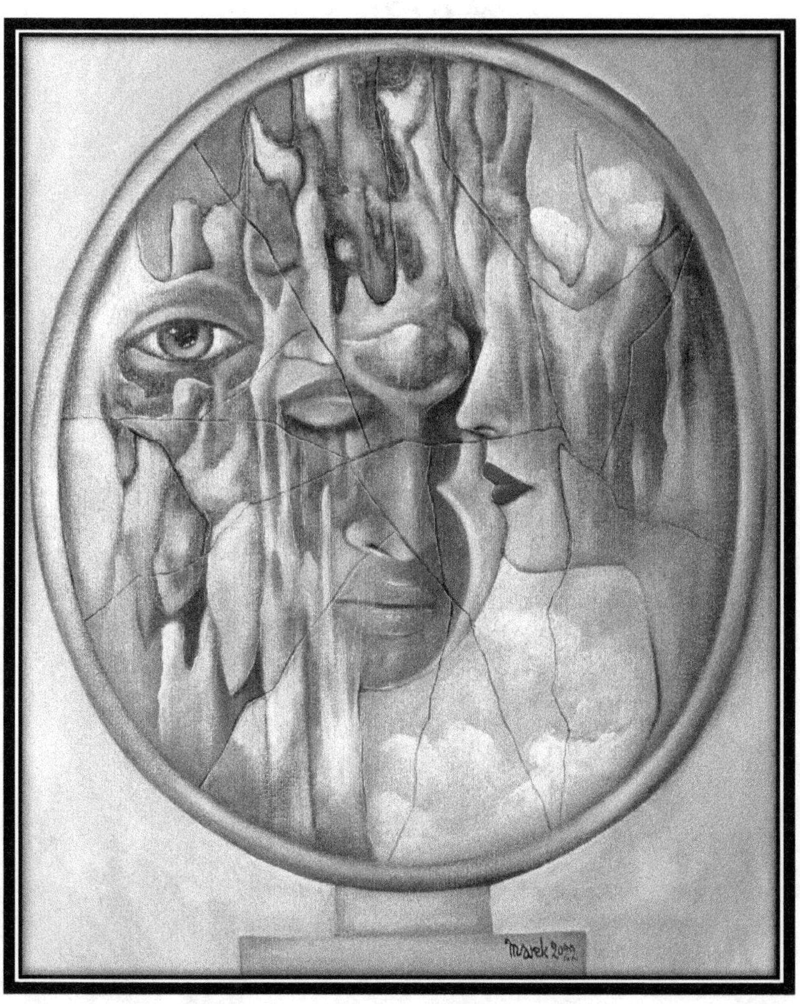

Lustro

Patrzysz w jego oczy,
widzisz siebie
Słuchasz słów jego
słyszysz siebie
Lustro

On mówi -
Jesteśmy różni
Ty mówisz -
Tacy sami
Lustro

Jego drażni, co mówisz
Ty mówisz -
Spójrz w siebie
Ja to Ty
Lustro

Lustro

Lustrzane odbicie, to Ja
Widzisz, czego nie lubisz
Słyszysz, czego nie chcesz
Ja to Ty
Lustro

Mówisz - spójrz we mnie,
A zrozumiesz siebie
Usłysz mnie, usłyszysz siebie
Ja to Ty
Twoje lustro

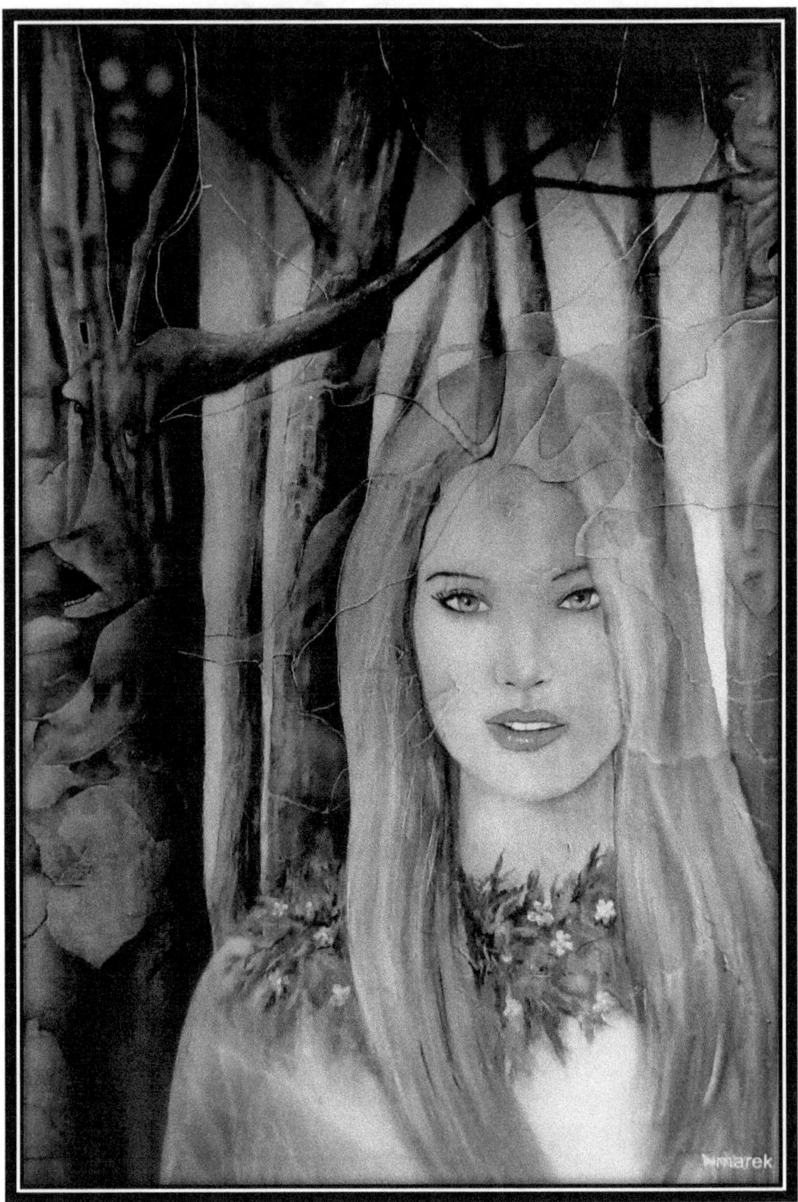
marek

Dla Niego

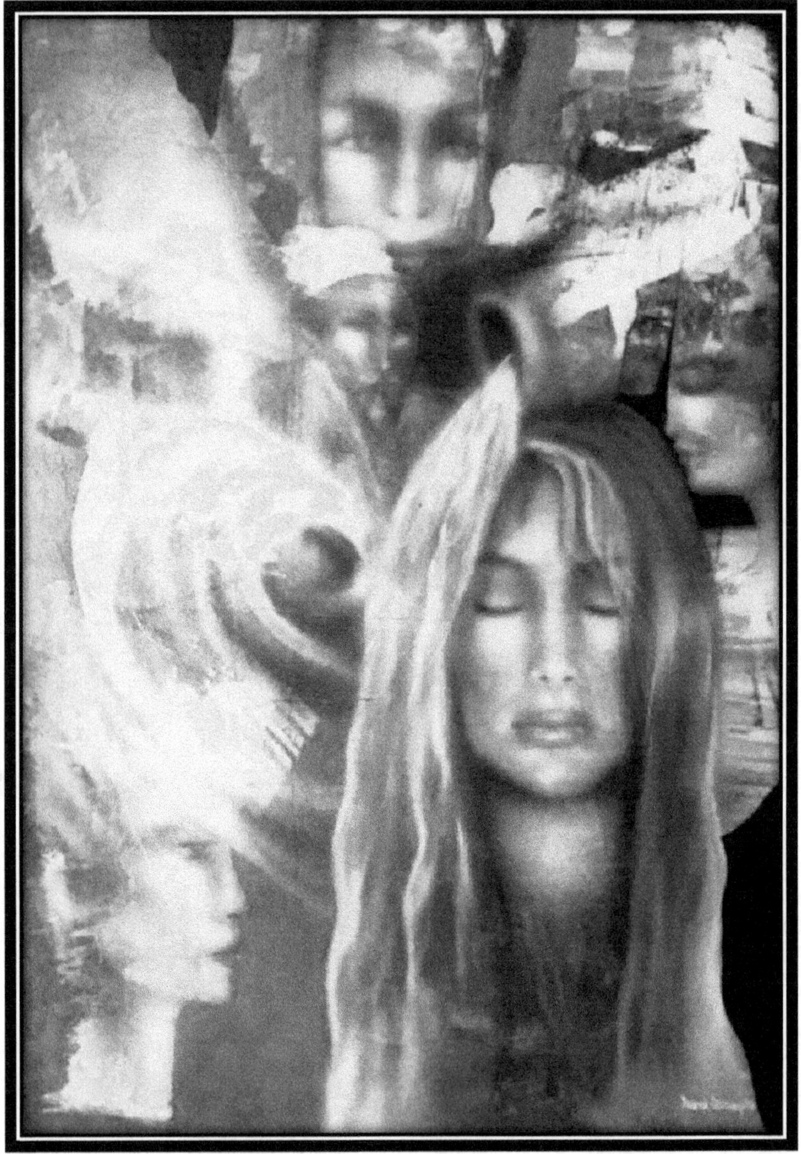

Noc

Noc

Gwiazdy

Ogień

I Ty...

Trzymasz moją rękę

W tle nasza muzyka

Milczymy

I jest dobrze

Tak dobrze...

Nie potrzebujemy słów

Wiemy...

To nasza chwila

Tylko nasza...

Patrzymy w gwiazdy

Ale wiemy...

To niebo zeszło do nas

Zeszło tu do ogniska

Do nas...

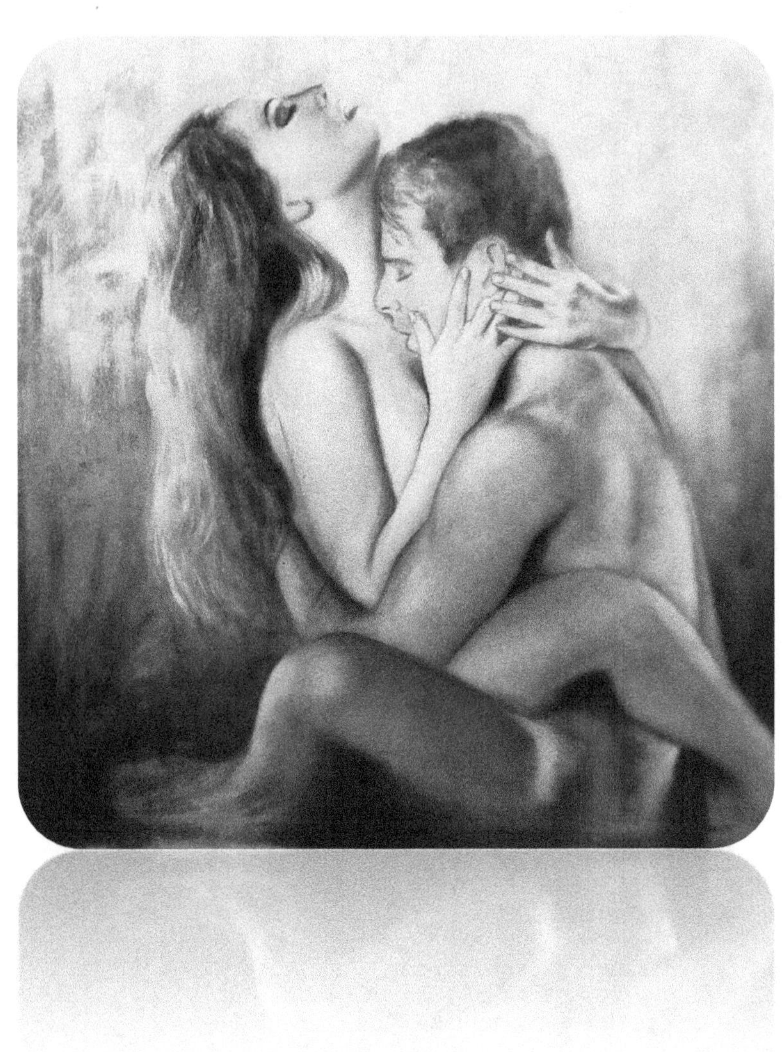

Jesteś...

Kiedy jesteś obok
Znikają wszystkie smutki
Kiedy na mnie patrzysz
Słońce jasno świeci
Kiedy się do mnie uśmiechasz
Radość w sercu kwitnie
Kiedy mnie dotykasz
Moje ciało drży
Kiedy się ze mną kochasz
Niebo schodzi na ziemię
A kiedy Cię nie ma
Świat umiera
Tęsknię
Aż boli
I marzę
Byś znów był blisko
Kochany...

Chcę...

Chcę się z tobą kochać, kochany
Chcę, by niebo znów do nas zeszło
By Anioł miłości otoczył nas skrzydłami
Chcę cię czuć...
We mnie...

Chcę byś znów pieścił moje ciało
Chcę poczuć dotyk twych dłoni
Czuć pocałunki ust twych spragnione
Chcę cię czuć...
We mnie...

Chcę słyszeć szepty miłości w uszach
Chcę poczuć zawrót w mej głowie
Dotykać twego ciała mokrego
Chcę cię czuć...
We mnie...

Chcę...

Chcę byśmy znów szczęście sobie dali
Zatopieni w miłosnej rozkoszy
Byśmy znów mieli naszą chwilę
Chcę cię czuć...
We mnie...

Po...

Spokój
Spełnienie
Szczęście
Mój śmiech
I My…

Ty wtulony we mnie
Z głową w moich piersiach
Rozluźniony
W pełni oddany
Mój...

Delektujemy się chwilą
Odpoczywamy po rozkoszy
Nie potrzeba słów
To nasza chwila
I My...

Po...

Księżyc zazdrośnie puka w okno
Gwiazda zalotnie mruga
A twoje dłonie wciąż pieszczą moje ciało
Kochasz
I kocham Ja...

Dziękuję - mówię Ja
Dobrze, że jesteś - mówisz Ty
Chwilo trwaj!
Kocham
I kochasz Ty...

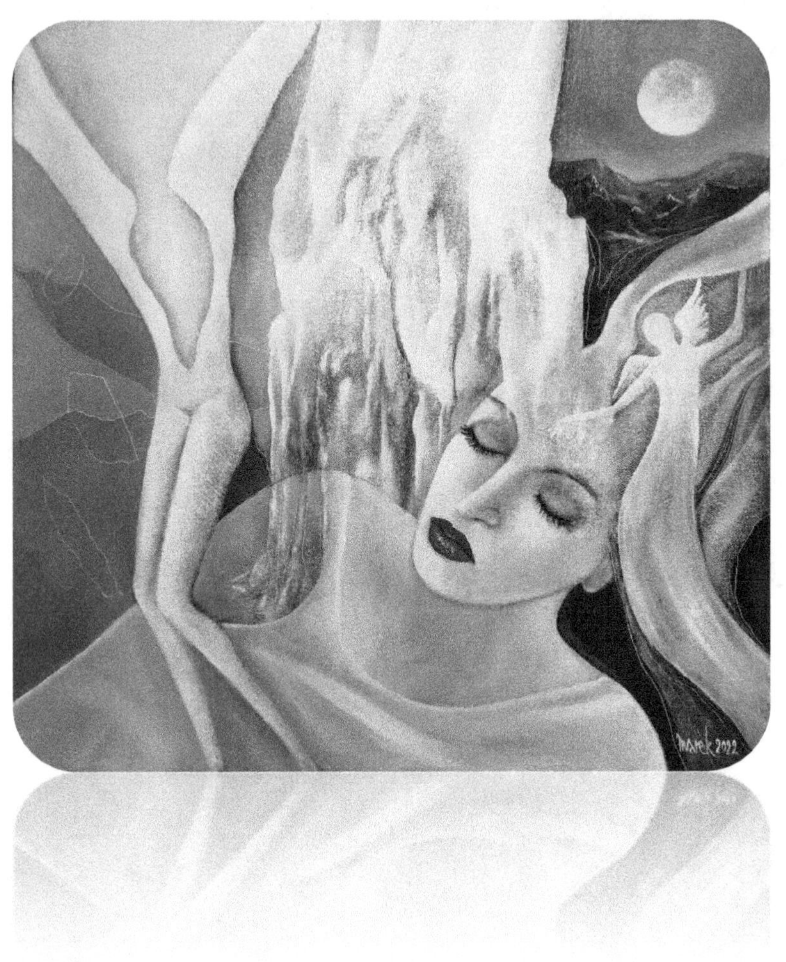
Marek 2022

Chwilo Trwaj

Budzi szum oceanu
Ktoś mówi miłe słowo na dzień dobry
Uśmiecha się
Całuje
Przytula
Poranna kawa
Spacer prawie pustą jeszcze plażą
Spokój
Witaj Dniu
Jest cudnie
Chwilo trwaj...

Poranek

Dzień Dobry, Kochanie
Uśmiech widzę z rana
Dla ciebie śniadanie
Też jestem wyspana

Było w nocy cudnie
Proszę, z mlekiem kawa
Było tak nierządnie
Czy to sen, czy jawa

Dzień Dobry, Kochanie
Jajecznicę lubisz
To Twe całowanie
Lubię, gdy to robisz

Poranek

Dzień Dobry, Najdroższy
Chlebek i masełko
Byłeś tak drapieżczy
Proszę, powidełko

Czuły taki byłeś
Smacznego, Kochanie
I tak mnie tuliłeś
To Twe przytulanie

Do nieba zabrałeś
Uwielbiam być z Tobą
I ty też to miałeś
Kochamy być z sobą

Dzień Dobry, Kochanie
Jak dobrze, że Jesteś
Dobrze jeść śniadanie
Gdy obok mnie jesteś

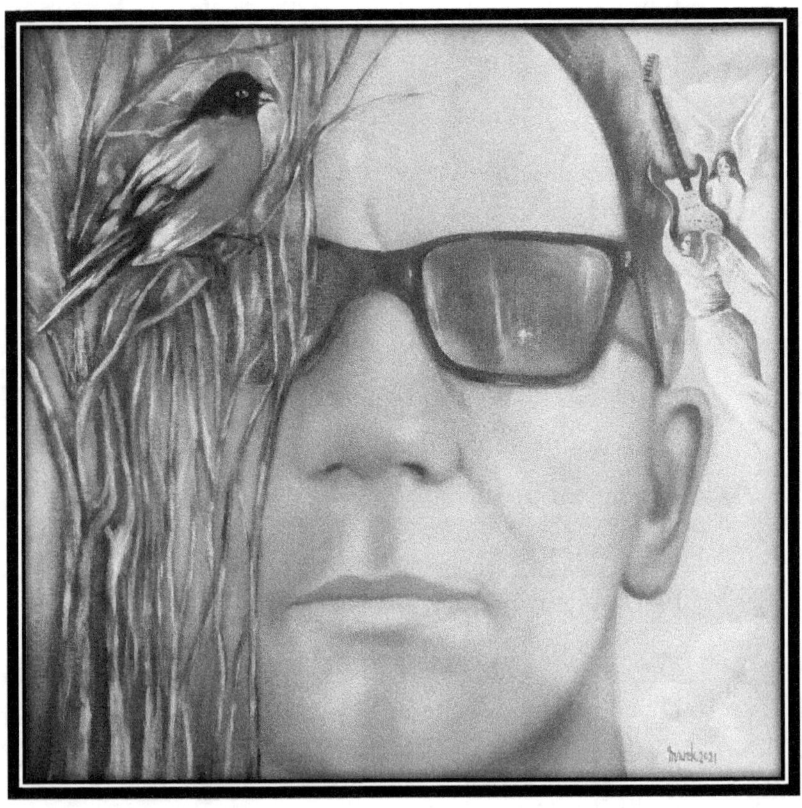

Mój Chłopak

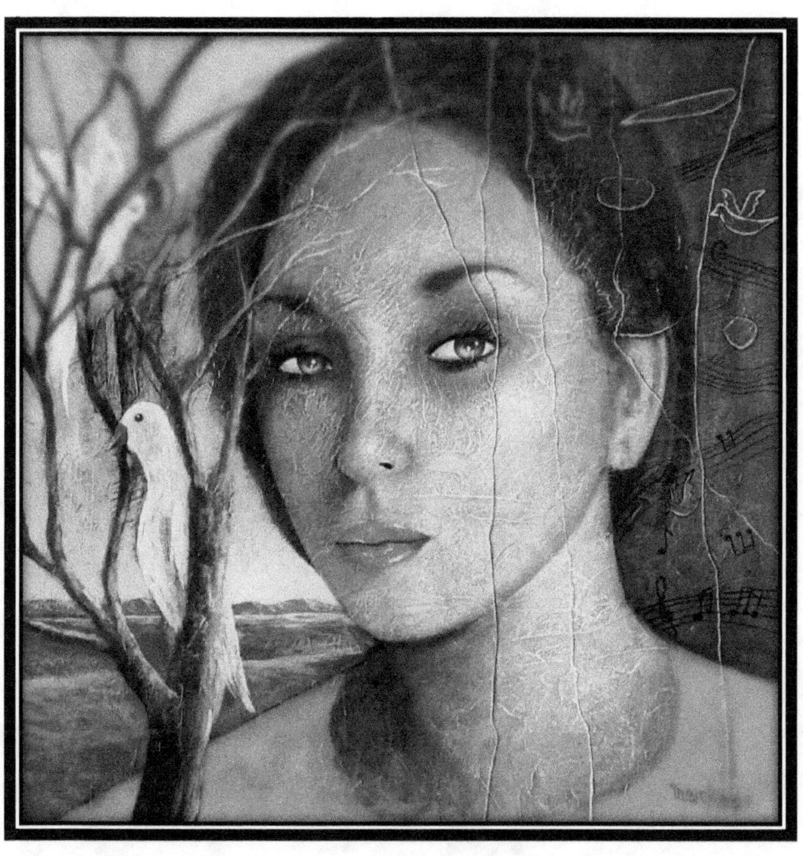

Mój Chłopak

Mój chłopak przynosi mi kwiatki
Czasem jeden, czasem więcej
Niby nic
A takie miłe

Mój chłopak robi mi śniadanie
Czasem przynosi do łóżka
Niby nic
Ale przyjemnie

Mój chłopak przytula, gdy smutno
Ociera łzy, słów wysłucha
Niby nic
A takie ważne

Mój Chłopak

Mój chłopak na spacer zabiera
Czasem na golfa, plażę, mecz
Niby nic
A jest tak dobrze

Mój chłopak milczy ze mną czasem
Śmieje się, żartuje, droczy
Niby nic
A taki spokój

Dobrze jest mi z Tobą chłopaku
I tak dobrze, że tu jesteś
Po prostu
Bardzo Cię kocham

Siła Kobiety

To Ja
Sprawiam, że wstajesz uśmiechnięty
Po naszej wspólnej, pięknej nocy
Spokojny i zrelaksowany

To Ja
Sprawiam, że jak lew silny jesteś
Czujesz się ważny, doceniony
I szczyty chcesz dla mnie zdobywać

To mną
Chcesz się opiekować i bronisz
Przed każdym i całym złem świata
Cały świat do stóp moich rzucasz

To Ja
Twoje myśli zaprzątam w nocy
I w marzeniach sennych przychodzę
Uczę, jak sercem patrzeć, kochać

To Ja
Wielką furię wzbudzić potrafię
By nagle z uśmiechem przytulić
Powiedzieć, jak bardzo Cię kocham

Bo Ja
Jestem Aniołem i Demonem
Wodą, ogniem, Twoim oddechem
Tajemnicą, bramą do raju

KATARZYNA NOWOCIN-KOWALCZYK

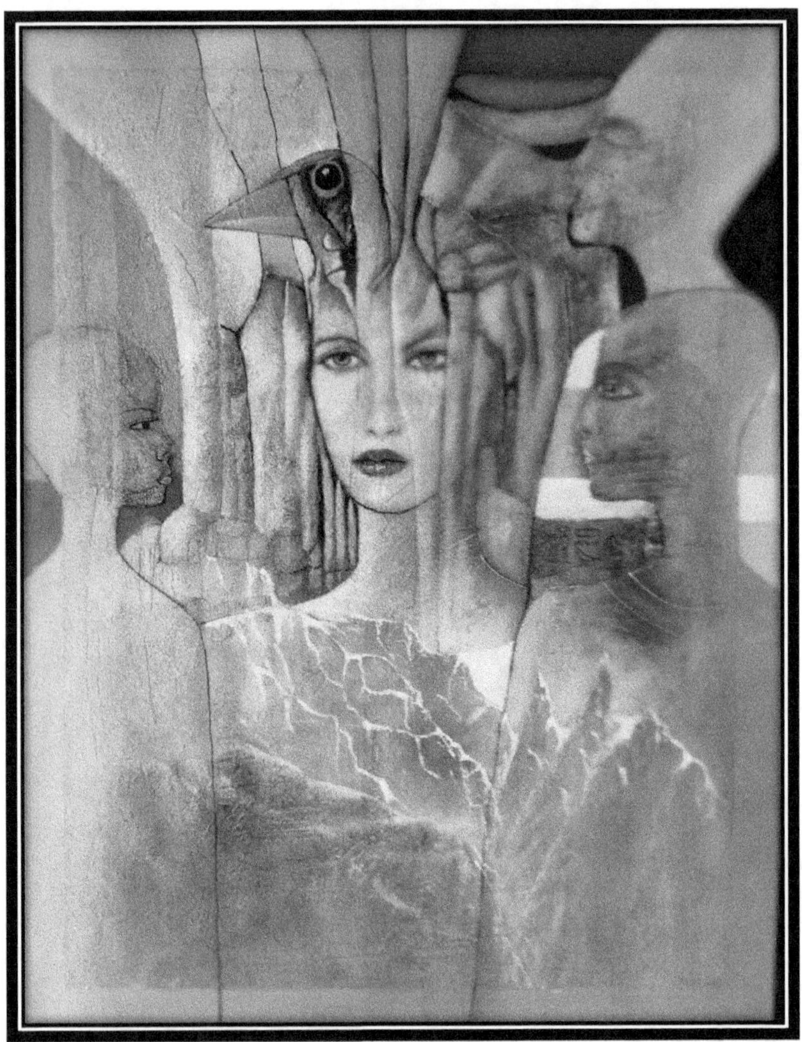

Siła Kobiety

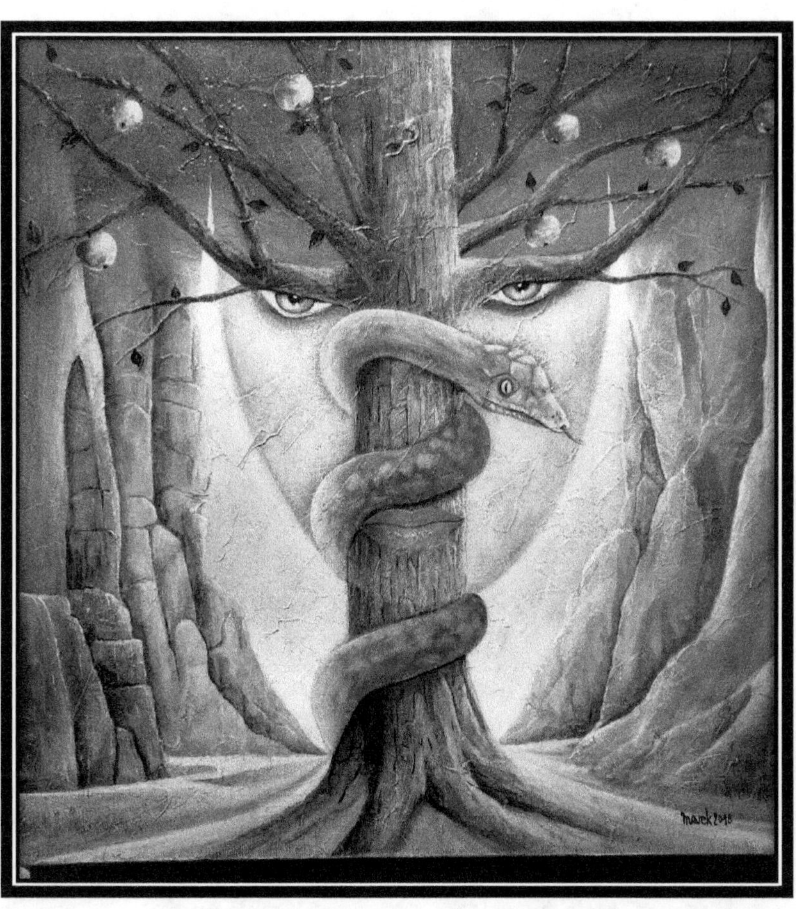

Sen

Wszystko to było tylko krótkim snem
Krótkim, pięknym, choć nierealnym niebem
Ty, Ja, My...

Nasza miłość, spacery, ognisko
I my tak zawsze siebie blisko
Spragnieni...

Twoje i moje dłonie splecione
Nasze nagie ciała przytulone
W rozkoszy...

Nocne dysputy długie, burzliwe
Szepty, milczenie, myśli kochliwe
I pożądanie...

Sen

Nasza muzyka w ciszę płynąca
I ja w twoich ramionach tańcząca
Szczęśliwa...

Wszystko to tylko snem krótkim było
I wszystko zbyt szybko się skończyło
Nie ma już Nas...

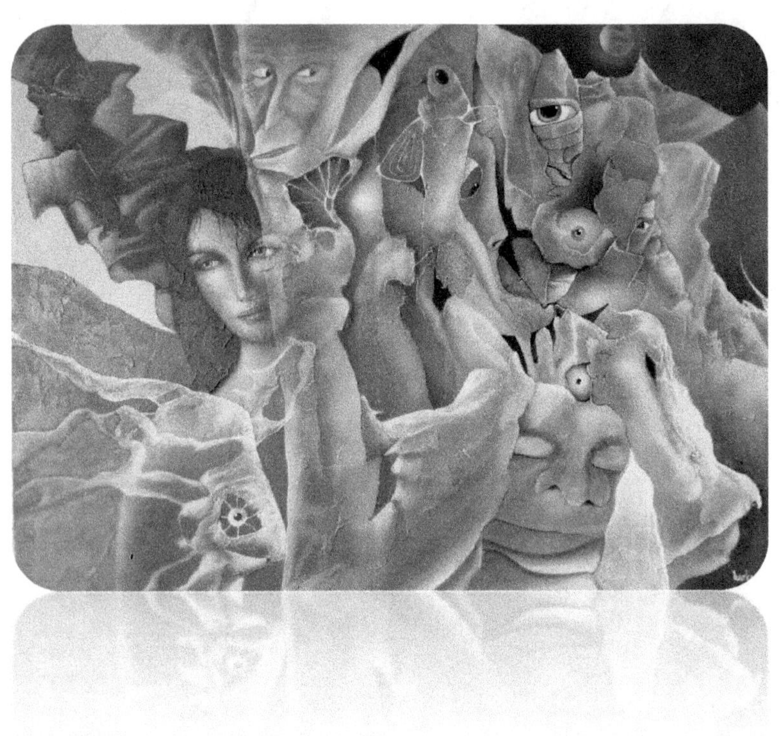

Droga

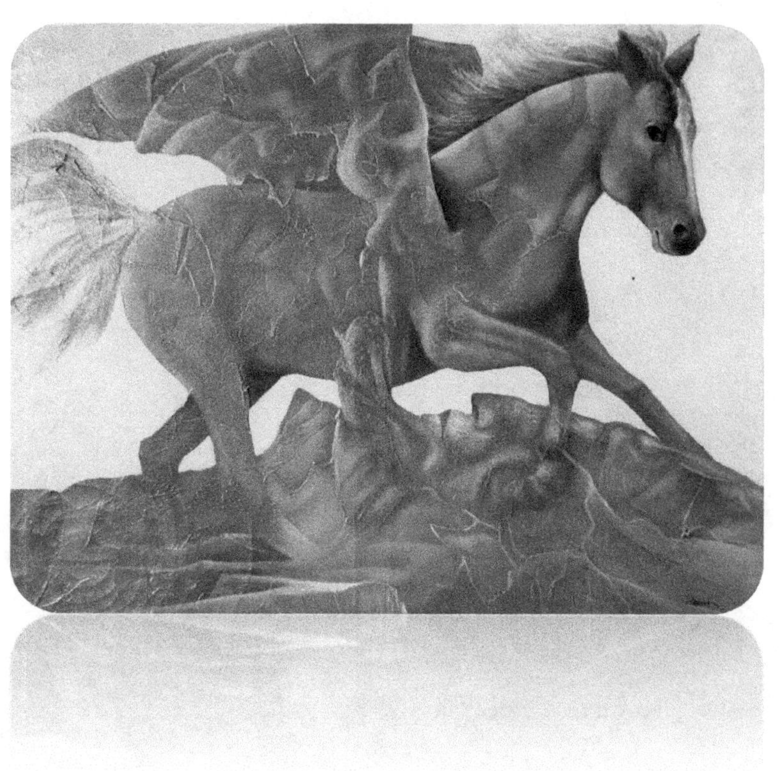

Droga

Zapytałeś o Drogę
Wskazałam
Wybrałeś inną
Czemu teraz obwiniasz mnie?

Zapytałeś, czym Droga jest
Miłością – odpowiedziałam
Wybrałeś Kontrolę
Czemu teraz płaczesz?

Zapytałeś czym Miłość
Miłość jest Miłością
Kocha i nie ocenia
Ufa i Akceptuje

Droga

Zapytałeś - Jak Kochać
Zacznij od siebie – odpowiedziałam
Spojrzałeś zdziwiony
I wciąż zdziwiony jesteś

Zapytałeś - Dokąd idziesz
W swoje życie
Mój statek odpływa
Zostań – Poprosiłeś

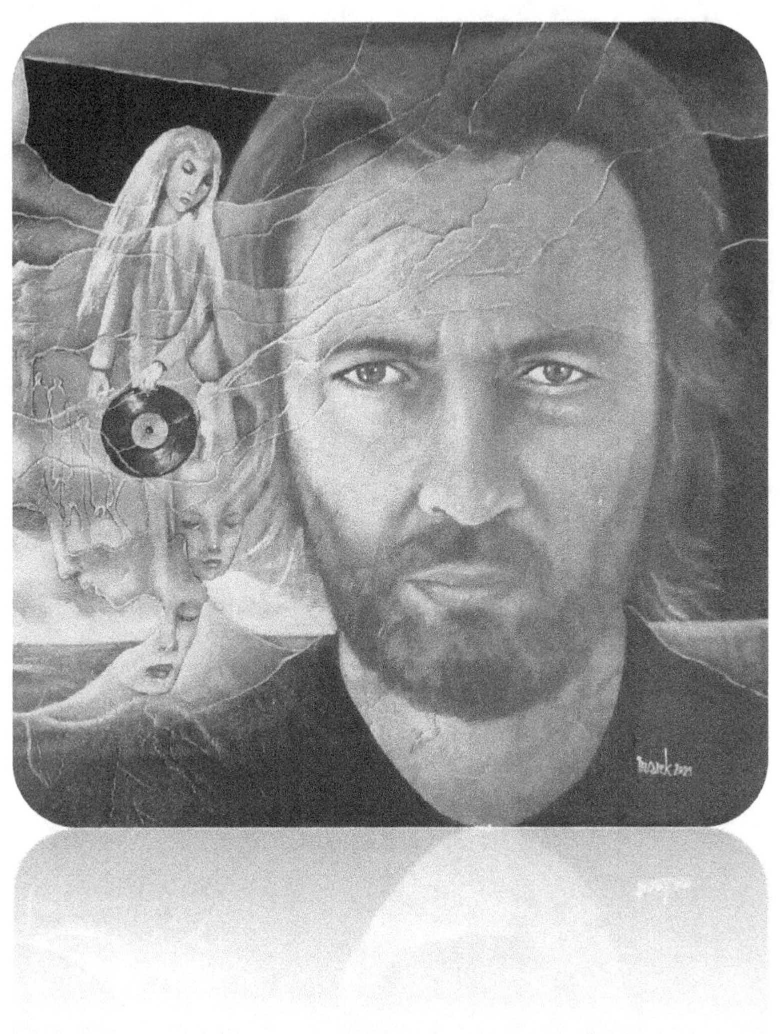

Dla Niej

KATARZYNA NOWOCIN-KOWALCZYK

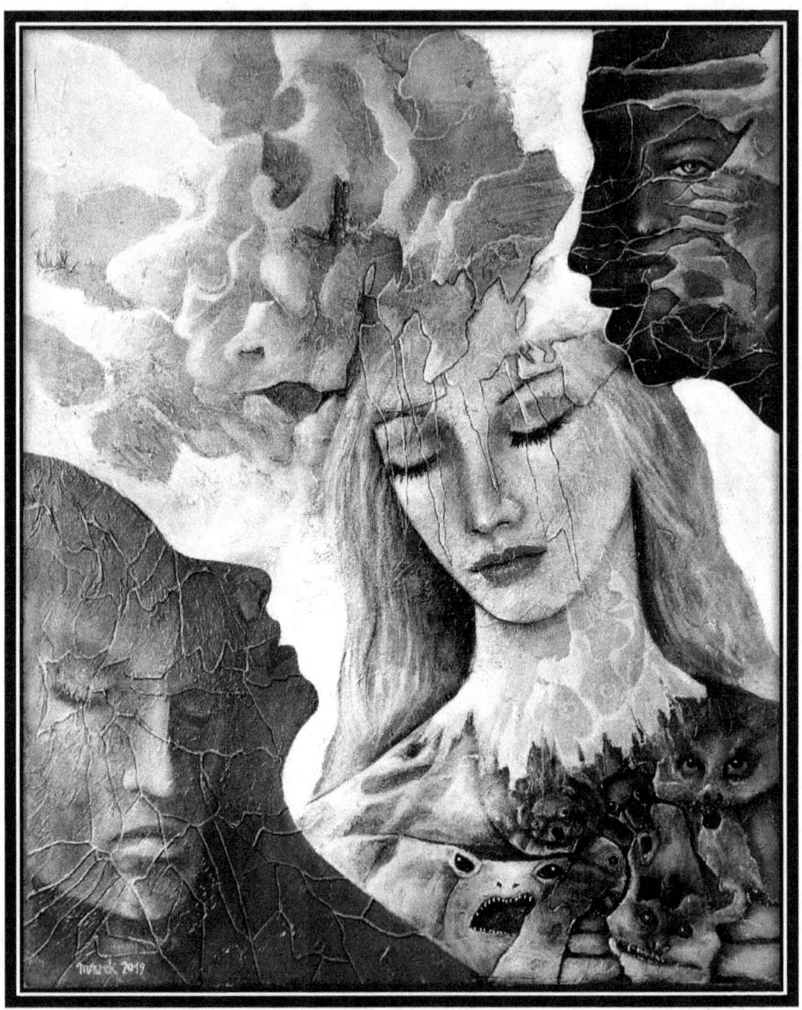

Na Trawie

Tańczysz boso na trawie
Widzę cię w blasku ognia
Myślami nie na jawie
Głowę moją rozogniasz

Uśmiechasz się, wzrok błądzi
Biodra rozkołysane
Pierś pod twą bluzką rządzi
Sygnały niepisane

Nagle w oczy spoglądasz
Przywołujesz mnie wzrokiem
Ach! Jak cudnie wyglądasz
Kiedy tak patrzysz bokiem

Ponętna, apetyczna
Patrzę zaczarowany
Ta chwila hipnotyczna
Wiem... jestem zakochany

Dłużej już nie wytrzymam
Wstaję, w ramiona biorę
To nie jest żaden omam
Miłością cię ubiorę

Jesteś dziewczyno moja
Piękna niczym róży kwiat
Tu rządzi łaska twoja
I nieważny cały świat

Tańczymy przytuleni
Czuję, jak pierś faluje
Przez chwilę tak złączeni
Po szyi mnie całujesz

Na Trawie

Bluzkę rozpinam twoją
I na trawie cię kładę
Chcę byś była już moją
Słyszę nocną cykadę

Tak drżysz w ramionach moich
I tak całujesz czule
Niebo w pieszczotach twoich
W miłości wehikule

O, jak mi dobrze z tobą
Kochana ma dziewczyno
Ty jesteś tą osobą
Ty jesteś tą jedyną

Rozmowa

Ona

Powiedz chłopaku,
czym siła jest
czym przyjaźń
czym bliskość
czym miłość

On

Ty dajesz siłę
bo jesteś tu
obok mnie
i ze mną
i zawsze

Jesteś przyjaźnią
słów słuchasz
rozumiesz
tłumaczysz
i ufasz

Rozmowa

Jesteś bliskością
której pragnę
pożądam
me serce
otwieram

Jesteś miłością
dla ciebie
tu jestem
wracam, by
z Tobą być

KATARZYNA NOWOCIN-KOWALCZYK

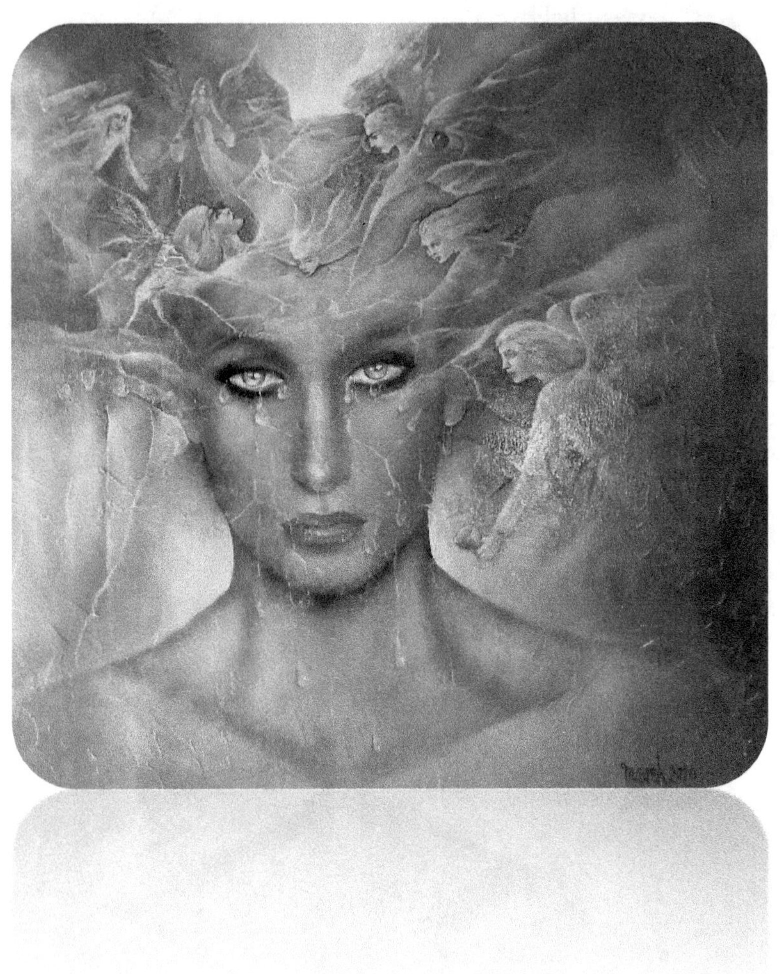

Strach

Czasem spotykasz miłość
I wiesz, że to ta Jedna jedyna
Boisz się
Uciekasz

Czasem spotykasz miłość
Lecz demony przeszłości wracają
Boisz się
Uciekasz

I chociaż tęsknisz bardzo
Choć serce rwie się do ukochanej
Boisz się
Uciekasz

Sam siebie oszukujesz
Inna kobieta lęk ma zagłuszyć
Choć tęsknisz
Uciekasz

W tej innej szukasz tamtej
Nie kochasz jej, związek kontrolujesz
Nie lękasz się
Nie uciekasz

Lecz serca nie oszukasz
Ta Jedna wciąż myśli twe zajmuje
Wciąż tęsknisz
I marzysz

Któregoś dnia zrozumiesz
Że tylko ta Jedna przeznaczeniem
Szczęściem twym
Miłością

Strach

Lecz czy ona wysłucha
Czy szansę drugą od niej dostaniesz
Czy kocha
Zaufa

Ten strach przed samym sobą
Drzwi przeszłości niepozamykane
Twa zguba
Przekleństwo

KATARZYNA NOWOCIN-KOWALCZYK

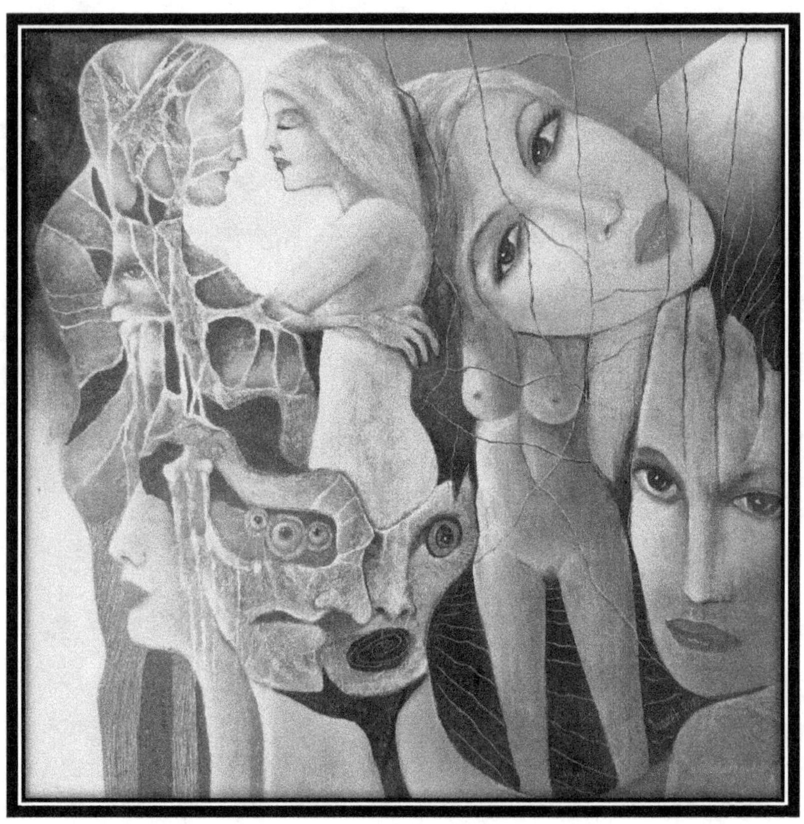

Ona Nie Jest Tobą

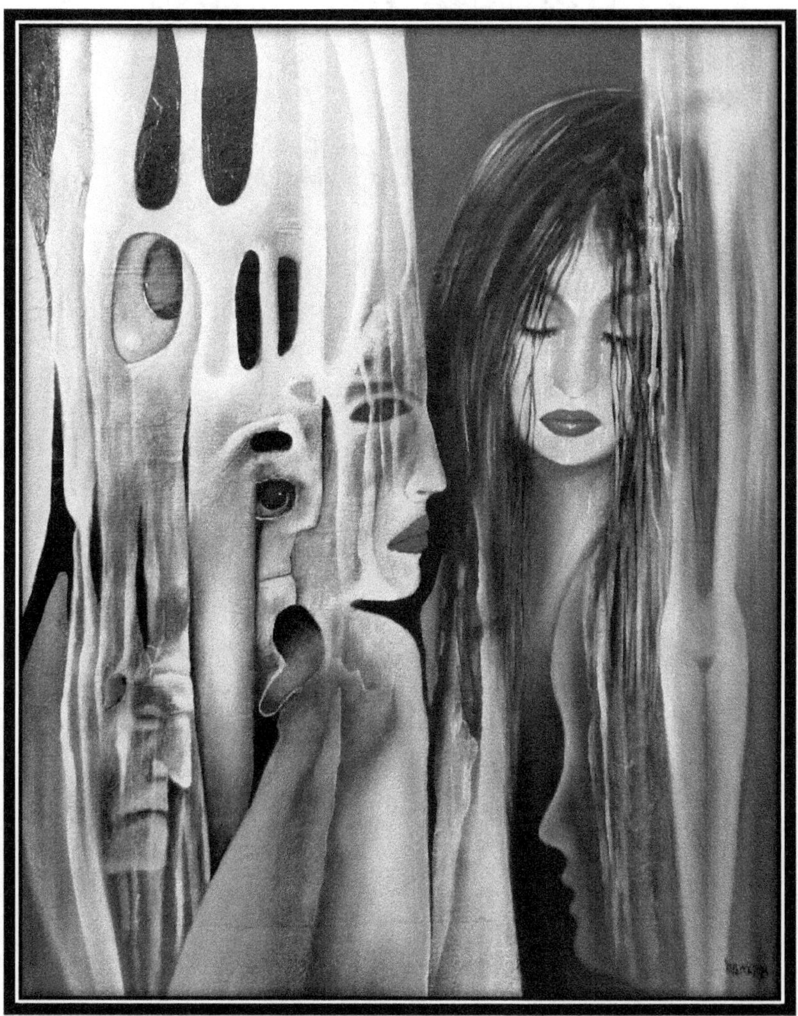

Ona Nie Jest Tobą

Pokazałaś mi swój świat, dziewczyno
Pełen miłości, wolności... piękny
Tak tajemniczy

Pokazałaś świat barwny, nieznany
Świat motyli, kwiatów, kamieni, drzew
Pociągający

Pokazałaś świat rzeczy małych
Śmiałaś się tak radośnie, mówiłaś
Doceniaj chwile

Uczyłaś, jak nasze chwile łapać
Mówiłaś - Ciesz się chwilą chłopaku
Życie jest piękne

Ona Nie Jest Tobą

Mówiłaś - wyłącz głowę, sercem patrz
Bo serce zawsze zobaczy więcej
Nie rozumiałem

Potem odeszłaś i zostałem sam
Byłaś obok, ale już nie moja
A jednak moja

Inna już przy moim boku gości
Ale już się nie uśmiecham, tęsknię
Za Twoim światem

Tęsknię za śmiechem, pocałunkami
Twoim dotykiem... Inna się stara
Lecz nie jest Tobą

Tęsknota

Tyle słów niewypowiedzianych
Tyle gestów niewykonanych
Tak wiele myśli przemilczanych
Dziewczyno

W głowie burze wielkie szaleją
Rozterki rozumu maleją
Uczucia serca doroślej
Dziewczyno

Twój obraz przez oczami widzę
Twój śmiech radosny słyszę
Czułe gesty na twarzy czuję
Dziewczyno

Tęsknota

Tęsknota nie do wytrzymania
Żal w sercu nie do pokonania
I miłość nie do zatrzymania
Dziewczyno

Już dzisiaj biec chciałbym do Ciebie
Już teraz być z Tobą chcę w niebie
Lecz wciąż tak boję się siebie
Dziewczyno

Ten strach czy zdradę mi wybaczysz
Złe słowa i gesty zapomnisz
Szansę dasz i do mnie powrócisz
Dziewczyno

Więzień

Muzyka, twój głos, to ty dziewczyno
Mój narkotyk nie do uwolnienia
Im dalej uciekam, zapomnieć chcę
Tym mocniejsza ta nić zniewolenia

Te myśli niechciane, na jawie śnię
Tęsknię, wspominam, tak mocno pragnę
Abyś znów była... przy mnie... ze mną... obok
Zaklęcie rzuciłaś... tchu brak... biegnę

Ktoś chodzi po domu, ktoś mówi coś
Obiad podaje, sprząta, prasuje
Nie słyszę, nie widzę, myślę, marzę
Mam, co wybrałem, czego żałuję

Ciemność

W uszach wciąż słyszę twój śmiech radosny
Po naszych cudnych chwil uniesienia
Chcę byś wróciła, znów szansę dała
Chcę... pragnę twojego zniewolenia

Głupia logika kontroli chciała
Ego miłości się przestraszyło
Odejść ci pozwoliłem, dziewczyno
Miłość zdradziłem, serce stchórzyło

Jak więzień w zamkniętej klatce wspomnień
Narkoman, co pragnie dopełnienia
Wariuje głowa i wariuję ja
Wróć, wybacz, zostań, bądź, uwolnij z więzienia

KATARZYNA NOWOCIN-KOWALCZYK

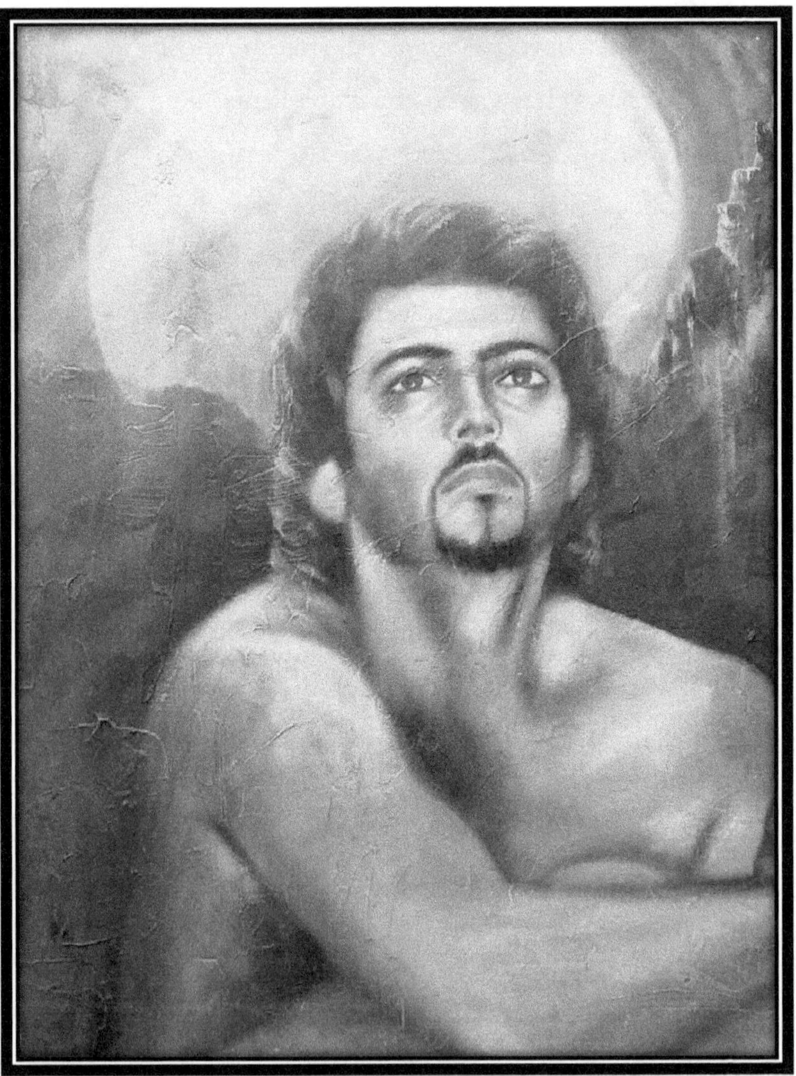

Ciemność

Kto Ci zabrał muzykę
Kto Ci zabrał marzenia
Kto piękny uśmiech zgasił
Kto? Kto? Kto?

Kto niebo w piekło zmienił
Kto Twoje słońce zgasił
Kto ciemność w duszy zasiał
Kto? Kto? Kto?

Kto mi zabrał muzykę
Kto zniszczył marzenia
Kto uśmiech mi odebrał
Nikt... Ja sam

Sam to sobie zrobiłem
Serca słuchać nie chciałem
Jak robot w głowie byłem
Przegrałem

Anioła Pan mi zesłał
Lecz iść precz Jej kazałem
Przed miłością stchórzyłem
Uciekłem

Za iluzją pognałem
Własnym Cieniem się stałem
Samotna dusza płacze
Łzy leje

Muzykę swą straciłem
Błędy już zrozumiałem
Tęsknota serce trawi
Zabija

Ciemność

Do światła dusza ciągnie
Anioł w sercu wciąż siedzi
Ego lęki kreuje
Osacza

Daj mi O! Panie siłę
Pomóż muzykę znaleźć
Anioła oddaj... teraz
Posłucham

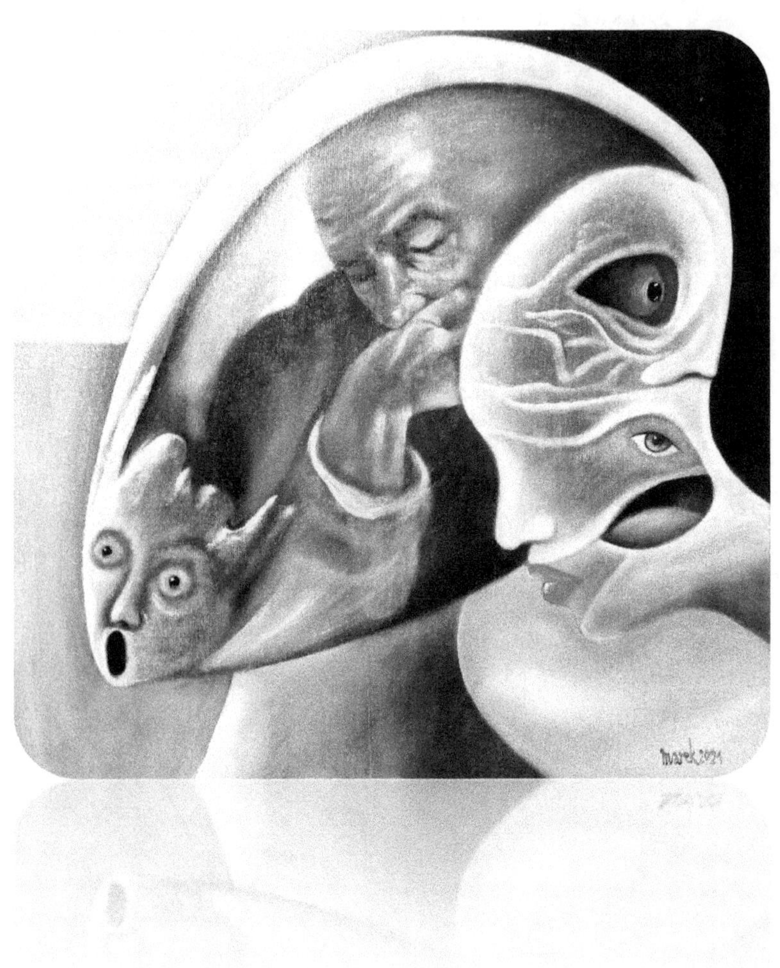
marek 2021

Już Czas

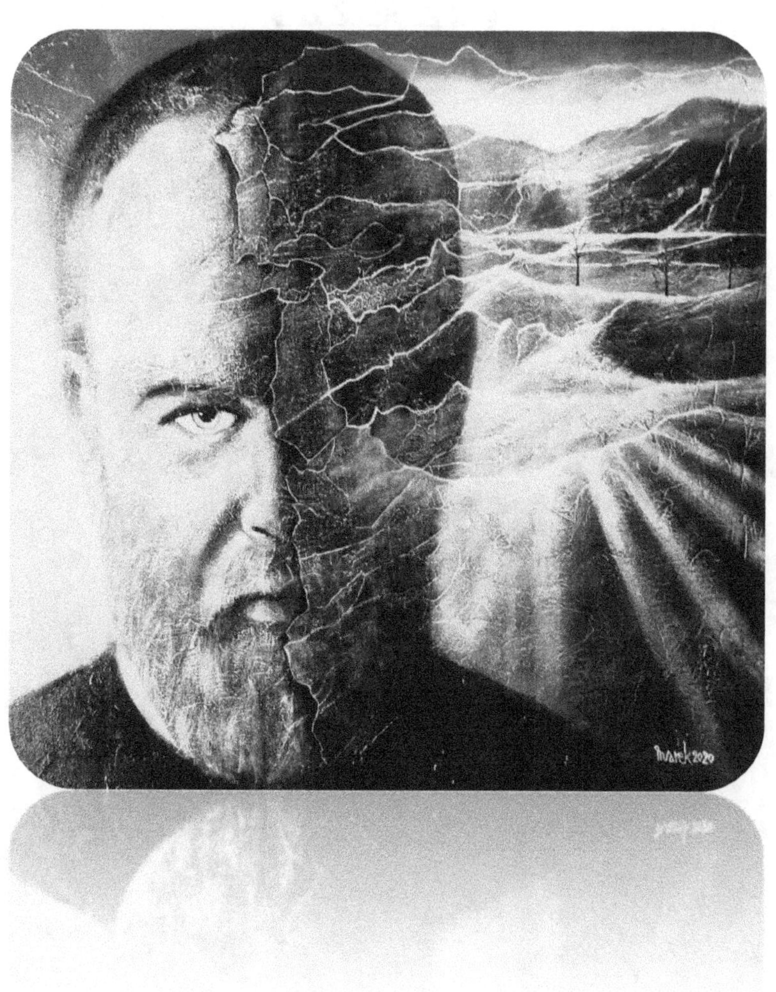

Już Czas

Zamknąć przeszłości drzwi
Demony przepędzić
W przyszłość iść
Już czas

Wczoraj trzyma mocno
Jutro nieznane jest
Strach przegnać
Już czas

Głowa lęki rodzi
Przeszkody kreuje
W nowe iść
Już czas

Już Czas

Szczęście za rogiem tuż
Chcesz wziąć, lecz w tył patrzysz
Zmienić myśl
Już czas

Lęk to doradca zły
Szum ludzi rozprasza
W wolność iść
Już czas

Zakochać się w sobie
Miłości się nie bać
Szczęście brać
Już czas

KATARZYNA NOWOCIN-KOWALCZYK

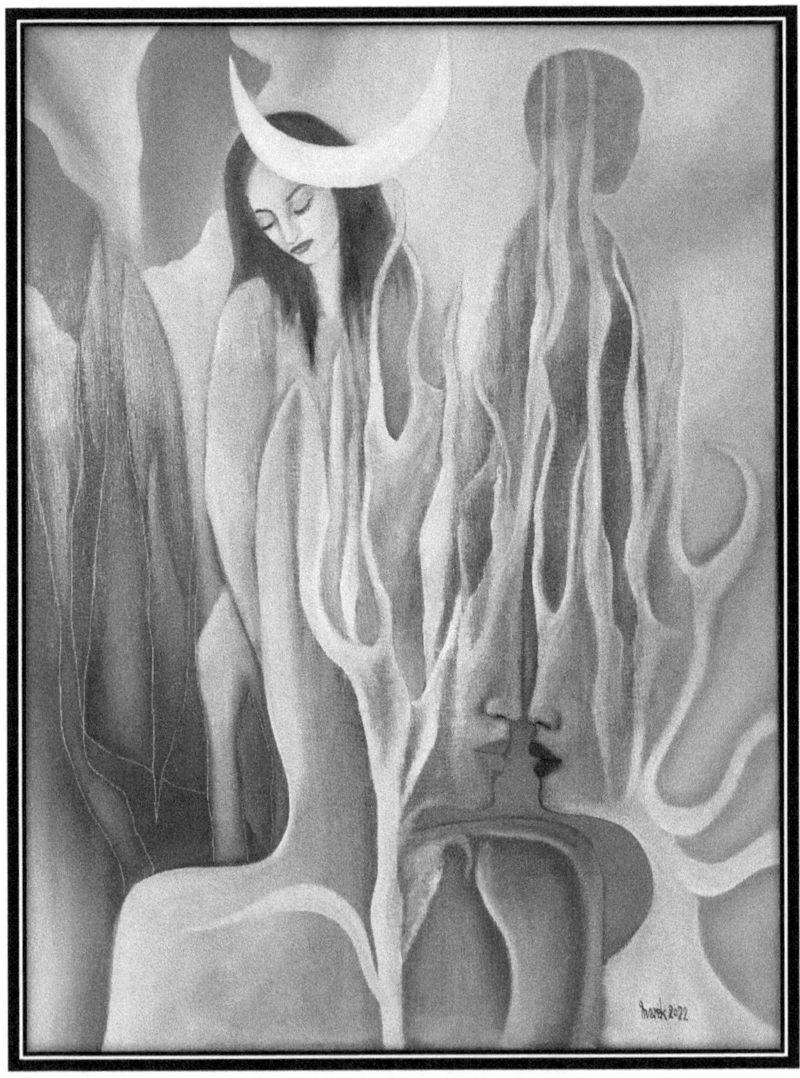

Potęga Miłości

Patrzę z daleka, Dziewczyno
Chcę biec do ciebie
W usta całować
W ramiona cię wziąć
Ona trzyma

Decyzja jedna pochopna
Cieniem się ciągnie
Życie zmieniła
W mrok rzuciła

Miłości nie szanowałem
Miałem, wzgardziłem
Jeden błąd głupi
Bóg lekcje dał

W koszmar mi życie przemienił
Do piekła zrzucił
Demona przysłał
Ona nim jest

Patrzę z daleka, dziewczyno
Życiem się bawisz
Jak anioł jesteś
Radość niesiesz

Uśmiechasz się do mnie, dziewczyno
Nadzieję dajesz
Demon maleje
Odwaga jest

Idę do ciebie, dziewczyno
Nic nie zatrzyma
Demon odchodzi
Miłość wraca

Potęga Miłości

Idę po ciebie, dziewczyno
Z rąk już nie puszczę
Miłość doceniam
Odejść nie dam

Anioł Demona pokonał
Strachy przepędził
Miłość wybrałem
Z tobą chcę być

Tańcz Dla Mnie

Twoje biodra rozkołysane
Piersi ponętnie falujące
Ruchy tak magnetyzujące
Tańcz! Tańcz dla mnie, dziewczyno

Twoje oczy lekko przymknięte
Tajemniczy uśmiech na twarzy
Tak chciałbym wiedzieć o czym marzysz
Tańcz! Tańcz dla mnie, dziewczyno

Tłum rozbawiony na parkiecie
Lecz Ty jedna wzrok mój przyciągasz
Ty jedna myśli moje ściągasz
Tańcz! Tańcz dla mnie, dziewczyno

Tańcz Dla Mnie

Z wdziękiem włosy z twarzy odgarniasz
Piękne, niesforne, kasztanowe
Te Twoje oczy orzechowe
Tańcz! Tańcz dla mnie, dziewczyno

Głowę ta jedna myśl rozsadza
Tulić Cię, całować i kochać
W oczy spojrzeć, głosu posłuchać
Zatańcz ze mną, dziewczyno

KATARZYNA NOWOCIN-KOWALCZYK

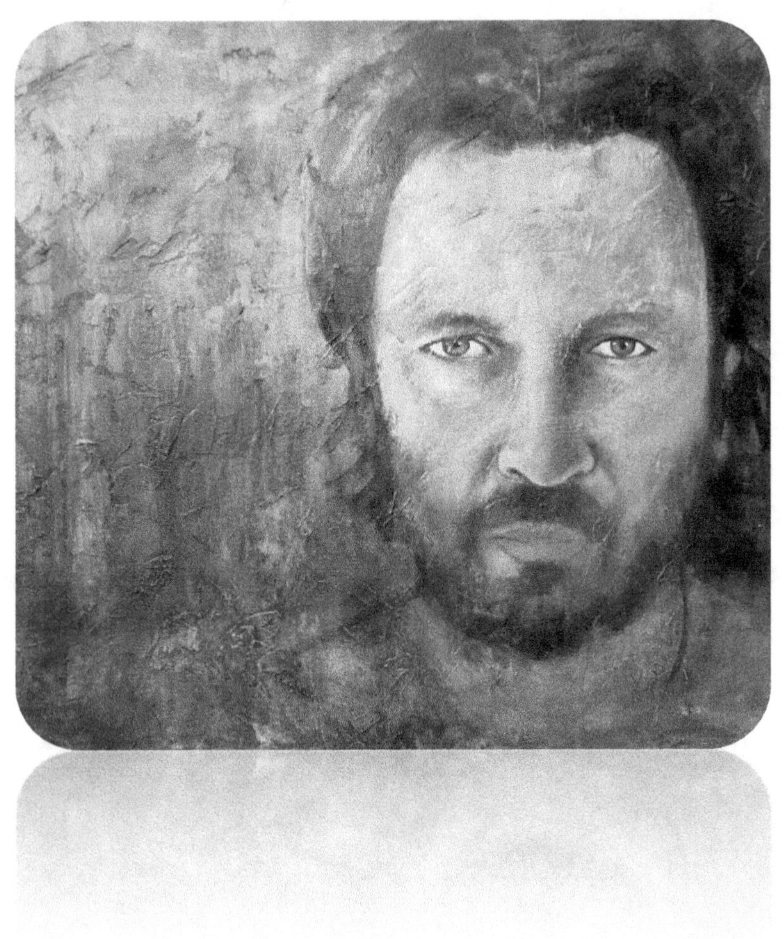

Podarunek

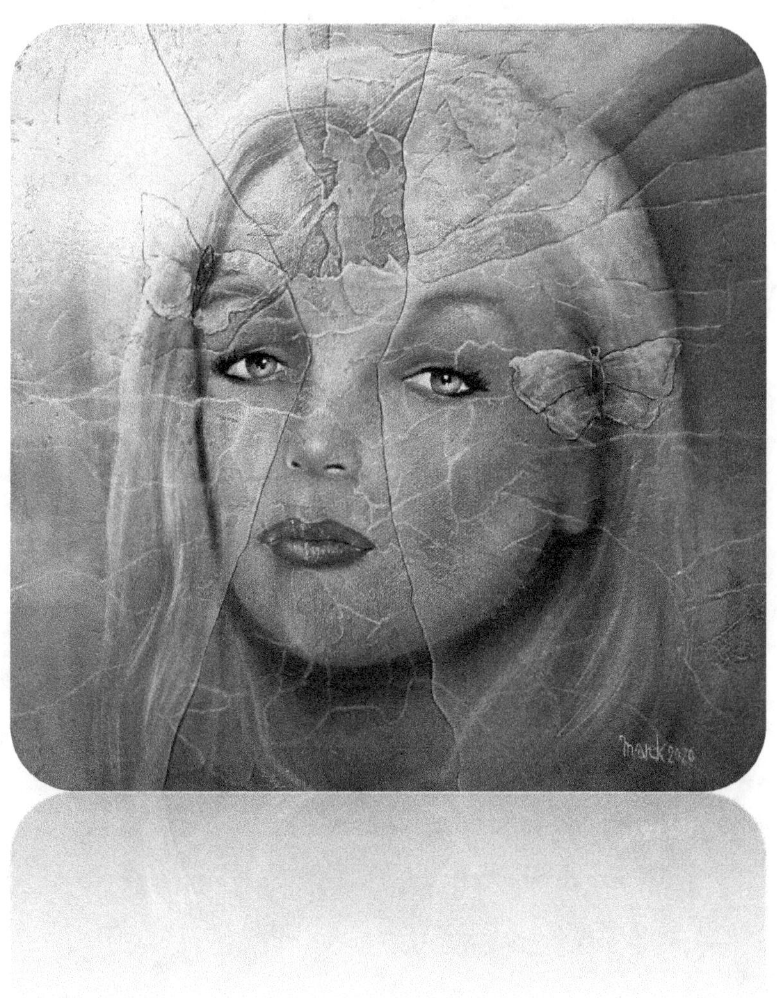

Podarunek

Podaj mi rękę dziewczyno
Już nie uciekaj
Zaufaj

Na samym dnie piekła byłem
Drogi myliłem
Błądziłem

Demon mi Prawdę przysłonił
Iluzją mamił
Oślepłem

Kontrolę za miłość brałem
W Strach ubierałem
Cierpiałem

Podarunek

Cierpiałem, bo koszmar śniłem
Miłości bałem
Zbudziłem

Demony swoje przegoniłem
Miłość wybrałem
Wróciłem

Stoję tu teraz przed Tobą
O nic nie proszę
Przepraszam

I Miłość swą ofiaruję
Świat u stóp składam
Czy przyjmiesz?

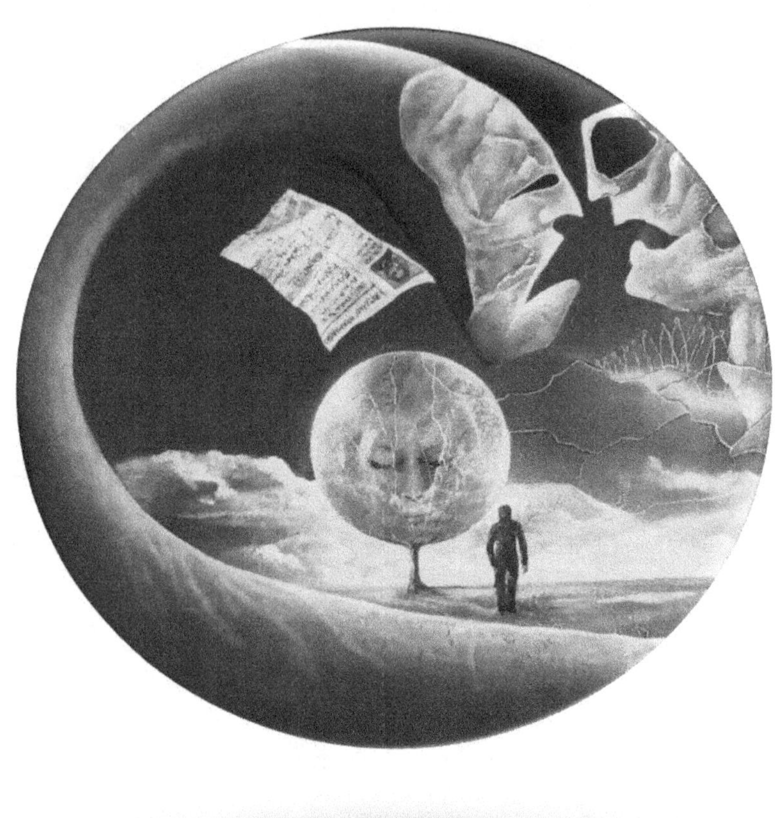

Po Drodze...

Maski

Codziennie spotykasz ludzi
Patrzysz na ich twarze maski
I często ten obraz łudzi
Aktor czeka na oklaski

Uśmiech, smutek, ból, powaga
Zwycięzca, cynik, ofiara
Szczęście, ciężar, strach, odwaga
Bezbożnik lub wielka wiara

Każdy z zapałem rolę gra
Oskar w oddali się jawi
Każdy wierzy, że go wygra
I innych swą grą zabawi

Maski

Aktorzy na życia scenie
Maski wdziewają posłusznie
Marzą o wielkiej arenie
Grają swe role bezdusznie

I tylko serce cicho łka
Prawdziwe Ja zduszone gdzieś
Mała szmaciana kukiełka
Daremnie próbujesz je zwieść

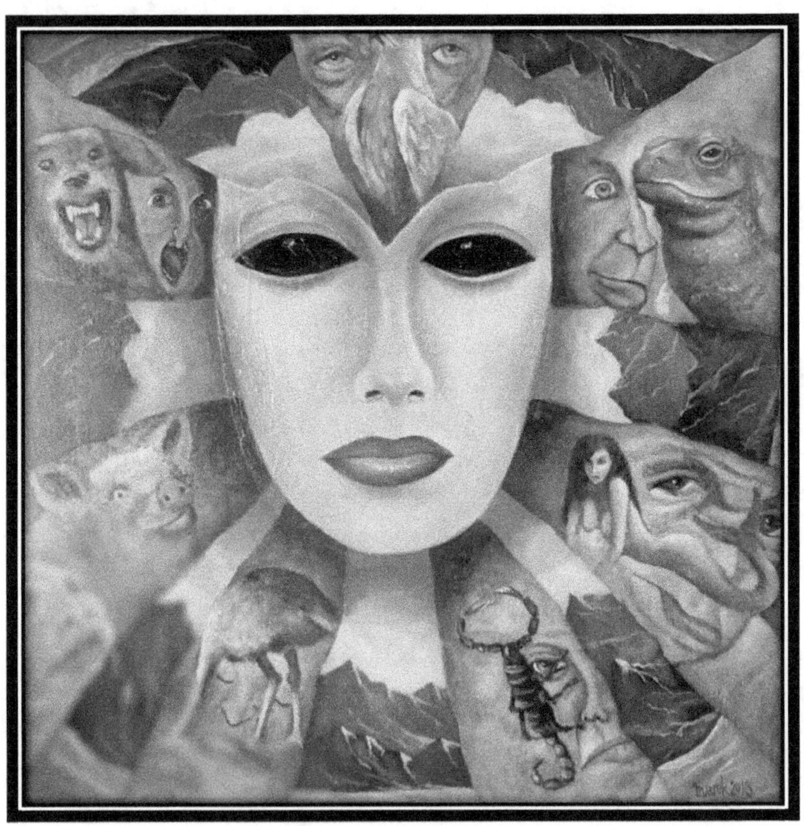

Matrix

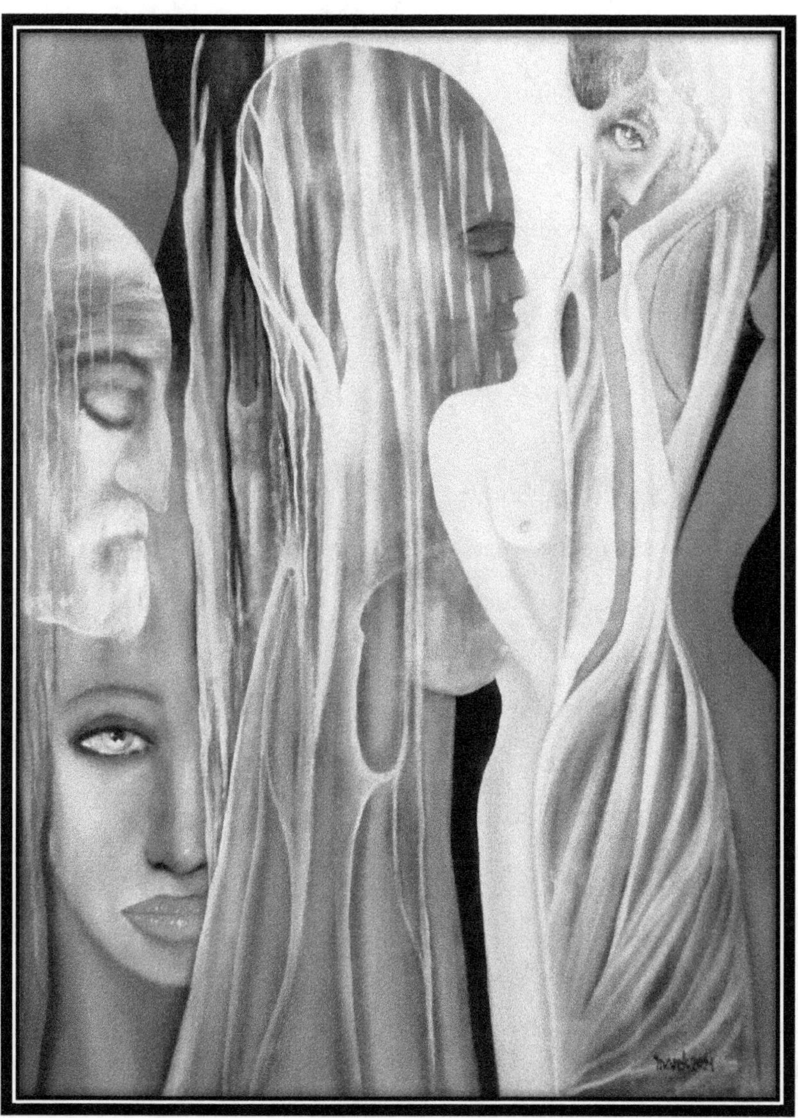

Matrix

Śpię, czy już nie śpię
Czy Sen Jawą jest
Czy Jawa to Sen
Co Prawdą, co Snem
Czy Sen Ułudą
Czy gdy się budzę
Właśnie zasypiam
Śpię, czy już nie śpię
Czy Jawa Snem
Czy czyjąś Grą
A Ja Postacią
Wierząc, że to Ja
Lecz wszak nie Ja
We Śnie Wolność jest
Latam wysoko
I więcej widzę
I robię, co chcę

Bez Bólu i Łez

Dwa światy a Jeden

Świat Prawdy i Snu

Lecz czy Sen to Sen

Co Prawdą, co Snem

I czy Ja, to Ja

KATARZYNA NOWOCIN-KOWALCZYK

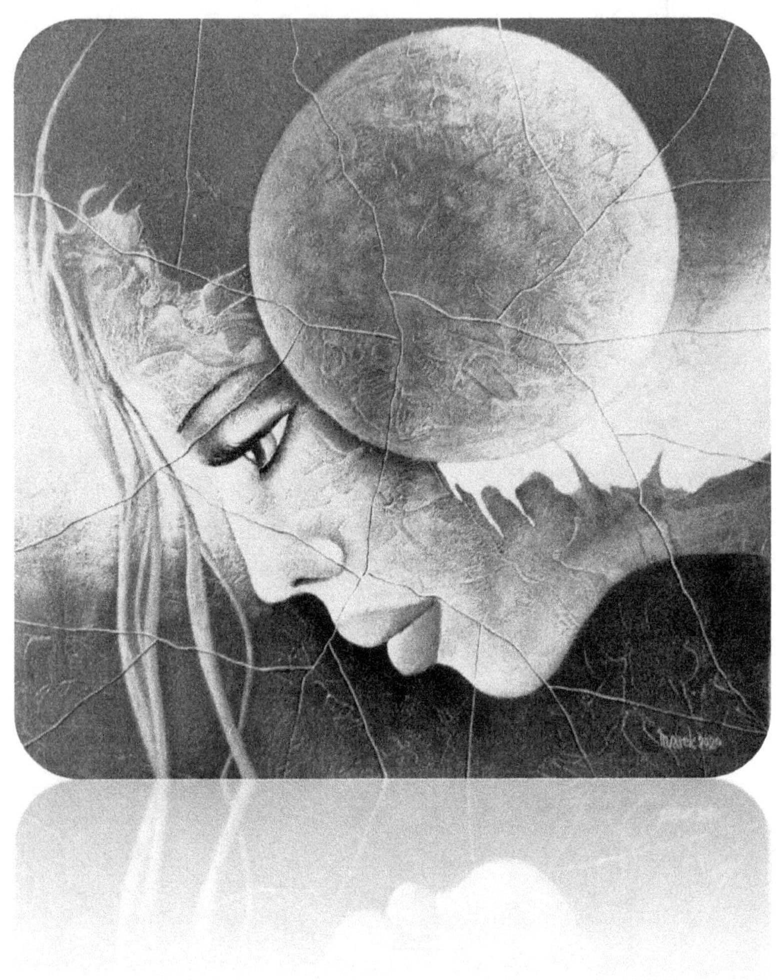

Słowo

Słowo jak ostrze wbija się w serce
Rozrywa pierś
Zabija

Słowo jak sztylet aortę rani
Krew się leje
Umierasz

Jedno słowo, a siła trzech mieczy
Bezsilne łzy
Cierpienie

Jedno słowo, lecz ból taki wielki
Ból zostaje
Na zawsze

Czas leczy rany, miecze wypadną może
Blizny będą
Na zawsze

Wiara

Daj mi Panie cierpliwość - prosisz
On szanse daje, byś cierpliwości się nauczył
Nie widzisz
Bóg mnie nie słucha - mówisz

Daj mi Panie odwagę - prosisz
Kolejne szanse, abyś strach pokonywać umiał
Nie widzisz
Bóg mnie nie kocha - mówisz

Daj mi O! Boże miłość - prosisz
Dostajesz szanse, aby nad związkiem popracować
Nie widzisz
Bóg mnie opuścił - mówisz

Wiara

Daj mi O! Panie zdrowie – prosisz
Chorobę zsyła, abyś pokory się nauczył
Narzekasz
Boga nie ma - oznajmiasz

Ukarz brata mego, O! Panie,
On rozmawiać każe, byś tolerancji się nauczył
Nie słuchasz
Bóg mnie zapomniał - mówisz

Chcesz wszystko na tacy podane
A On lekcje daje, zrozumieć każe, zaufać
Zły jesteś
Bóg mnie opuścił - mówisz

Wątpisz... wciąż chcesz więcej i więcej
Nie widzisz, że On daje to, czego potrzebujesz
Nie ufasz
Bóg mnie nie słucha – mówisz

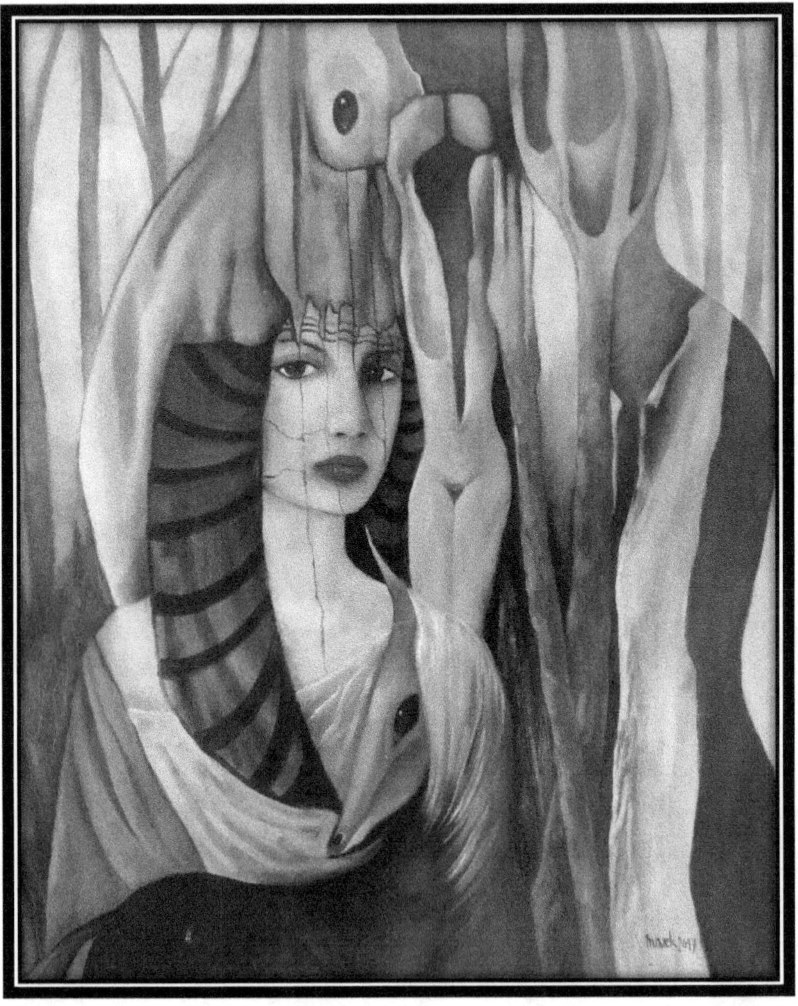

Podarunek Miłości

Czas to twoje życie
To co najlepszego możesz dać samemu sobie,
To swój własny czas
To co najlepszego możesz dać drugiej osobie,
To swój własny czas
Zatrzymaj się
Podaruj sobie swój własny czas
Wszystko inne może poczekać,
Ale czas nie poczeka
Czas płynie jak życie
Nie ma dwa razy tego samego czasu
Nie ma dwa razy tego samego życia
Czas podarowany sobie samemu
Lub komuś innemu,
To nic innego jak podarunek Miłości

Moja Dusza

Wieczorem
często patrzę w gwiazdy
i tęsknię
za domem...
tym prawdziwym
gdzieś tam
w innym wymiarze
w innym świecie...

Wieczorem
często przychodzą myśli
i marzę...
o spokoju
o wolności
o szczęściu...
w prawdziwym domu
w innym świecie...

Moja Dusza

Wieczorem
widzę jedną gwiazdę
i uciekam...
uciekam stąd...
jestem tam...
tam jest moja miłość
tam jest mój dom
w innym świecie...

Wieczorem
kiedy patrzę w gwiazdy
jestem wolna...
wrócę tam...
kiedyś...
do mojego domu
w innym wymiarze
w innym świecie...

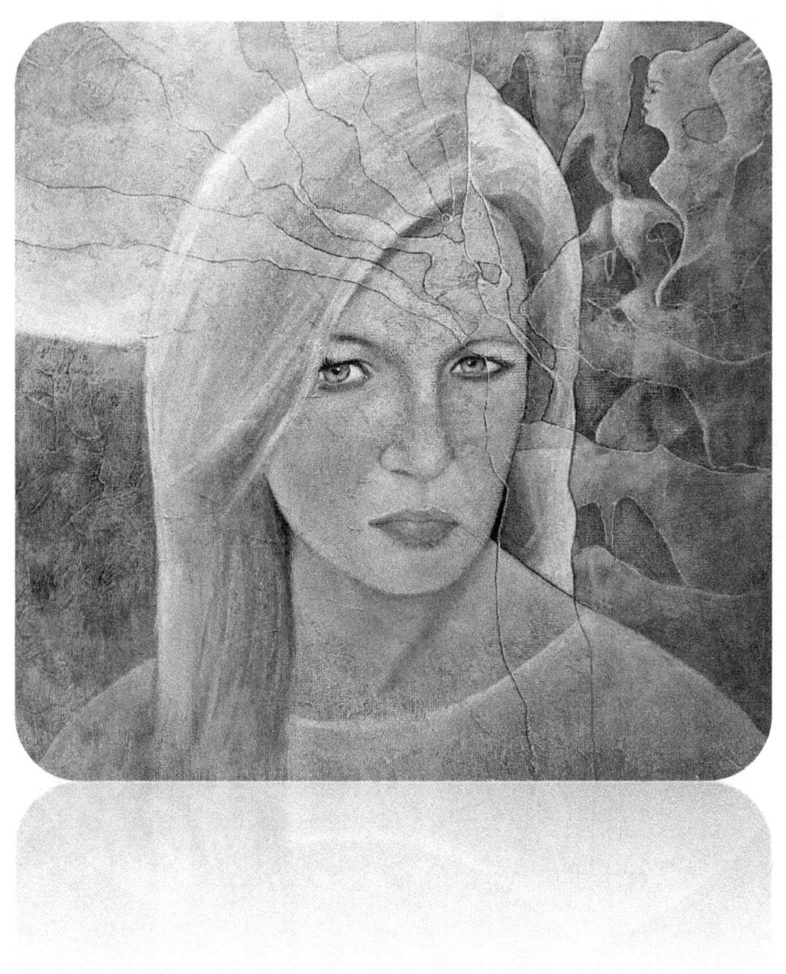

Cisza

Wsłuchałam się w szum wiatru
Jakie wieści przynosisz
Z dalekich stron ze świata
O czym jest twa opowieść
O czym łagodny powiew

Dotknęłam miękkiej trawy
Leżąc na niej słuchałam
Trawa szepcze cichutko
Swoje historie snuje
I duszy opowiada

Usłyszałam śpiew ptaka
Radosne dzienne trele
O czym śpiewasz skrzydlaty
O czym ballada twoja
Co chcesz przekazać światu

Spojrzałam na toń wody
Cichy szmer usłyszałam
Kojący i łagodny
Inna historia płynie
Inne strofy śpiewane

I zobaczyłam dziecko
Biegające po trawie
Piłkę w rączkach trzymało
Gaworzyło niewinnie
I do ptaszka mówiło

A ptaszek odpowiadał
Ciepły wiatr się przyłączył
Woda też zaszemrała
Trawa też zaszeptała
Śmiech dziecka usłyszałam

Cisza

Cisza wokoło mówi
Cisza wokoło śpiewa
Cisza wokoło pachnie
Historie opowiada
Wystarczy się w nią wsłuchać

Nad Pacyfikiem

Szum oceanu
Krzyk ptaków
Mokry piasek
Bezkres świata
I ten spokój...

Radośni ludzie
Niektórzy zadumani
W swoim świecie
Siedzą, spacerują, biegają
I ten spokój...

Nic się nie liczy
Jest tu i teraz
Świat gdzieś w oddali
Głowa oddycha
I ten spokój...

Nad Pacyfikiem

Tak niewiele trzeba
By szczęście smakować
Szum oceanu
Krzyk ptaków
I ten spokój...

Pacyfik...
Potężny władca ziemi
Ulubieniec Posejdona
Łagodny i spokojny
Groźny, gdy czoło marszczy

Przyjaźń

Mam przyjaciela
Mieszka tuż obok
Śpiewa dla mnie
Pięknie

Słyszę go za dnia
Słyszę go w nocy
Radosny śpiew
Cudny

Uśmiech przynosi
Smutki odgania
Spokój daje
Szczęście

Przyjaźń

Łączy nas wolność
I łączy ten śpiew
Ptak i człowiek
Przyjaźń

Choć on nie zna mnie
Ja nie znam jego
On zawsze jest
Blisko

KATARZYNA NOWOCIN-KOWALCZYK

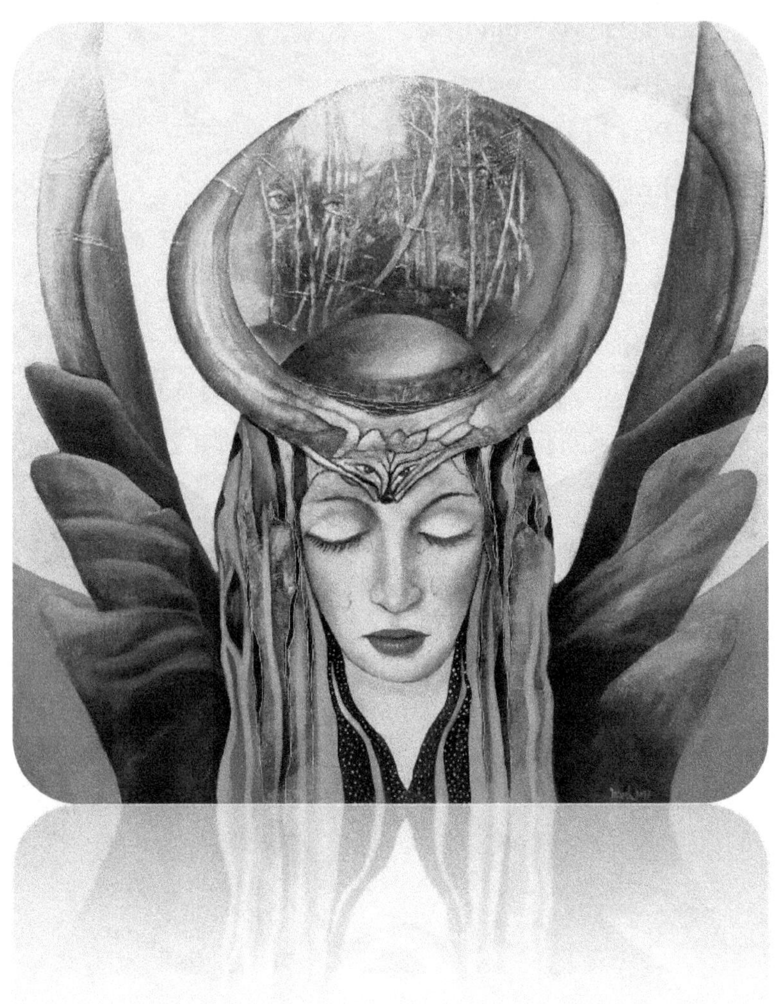

Kiedy Przychodzi Wieczór

Kiedy przychodzi wieczór
Siadam na tarasie
I myślę... I piszę...
Jestem tylko Ja i Ja

Gdy słyszę dźwięk muzyki
Zatracam się cała
I łzy są w oczach...
Odpływam w inny świat

A kiedy spojrzę w niebo
Widzę tamtą gwiazdę
Tęsknię, kiedy mruga
Tam gdzieś jest mój dom

Kiedy przychodzi wieczór
Wiem, że to mój czas
To czas tylko dla mnie
Jestem tylko Ja i Ja...

Kiedy się Obudziłem

Gdy na ten świat zjechałem
To radość dziecka miałem
Wszystkiemu się dziwiłem
I świat ten odkrywałem

Ciekawość dziecka wielka
Cieszy deszczu kropelka
Słyszy świergot wróbelka
Kusi natura wszelka

Świat kolorów ma wiele
Są różni nauczyciele
Są boa dusiciele
I są też przyjaciele

Kiedy się Obudziłem

Lecz dorosły się stałem
Świat dziecka zapomniałem
Kostium inny dostałem
W sen głupca uleciałem

Maski twarz mą okryły
Różne te maski były
W sercu wciąż większe bryły
I ciemne myśli żyły

Za materią goniłem
Serce hen przepędziłem
W głowie swojej siedziałem
Cierpiałem, nie widziałem

Miłość marzeniem była
Miłość w snach przychodziła
Miłość pięknem jawiła
Miłość serce topiła

Wybaczać nie umiałem
Zapomnieć też nie chciałem
Wszystko kalkulowałem
I miłość odrzucałem

Długo w koszmarze tkwiłem
Dużo bałaganiłem
Przed miłością broniłem
W końcu się obudziłem

Serce me otwierałaś
Bajki opowiadałaś
Świat dziecka malowałaś
Kim jestem przypominałaś

W oczy Twoje spojrzałem
W Twych oczach się przejrzałem
I wtedy posmutniałem
I wtedy zapłakałem

Kiedy się Obudziłem

Z oczu łzy poleciały
Lustro Prawdy ujrzały
Wszystko, czego się bały
Wszystko, co odrzucały

I Prawdę zobaczyłem
Jak bardzo pogubiłem
Jak wielkim głupcem byłem
Jaki sen głupca śniłem

Demony czas przegonić
Strachowi drzwi zasłonić
Miłości się ukłonić
Na Miłość czas już dzwonić

Czas Zmian

Czarny Księżyc na Niebie
Wielkie zmiany przynosi
Energią ziemi wstrząsa
Światło zmienia
Myśl oczyszcza

Czarny Księżyc na Niebie
W gruzy wieże przemienia
Nowe prawdy odkrywa
Pole sprząta
Miejsce robi

Czarny Księżyc na Niebie
Czerwone chmury niesie
Oddech ludziom zabiera
Strach rozsiewa
Ludzi dzieli

Czarny księżyc na Niebie
Czym miłość przypomina
I kim jest człowiek mówi
Kochać uczy
W serce wejrzeć

Czarny księżyc na Niebie
Anioły Ciemne przegania
Nadzieją tęczy świeci
Jasność niesie
Miłość rodzi

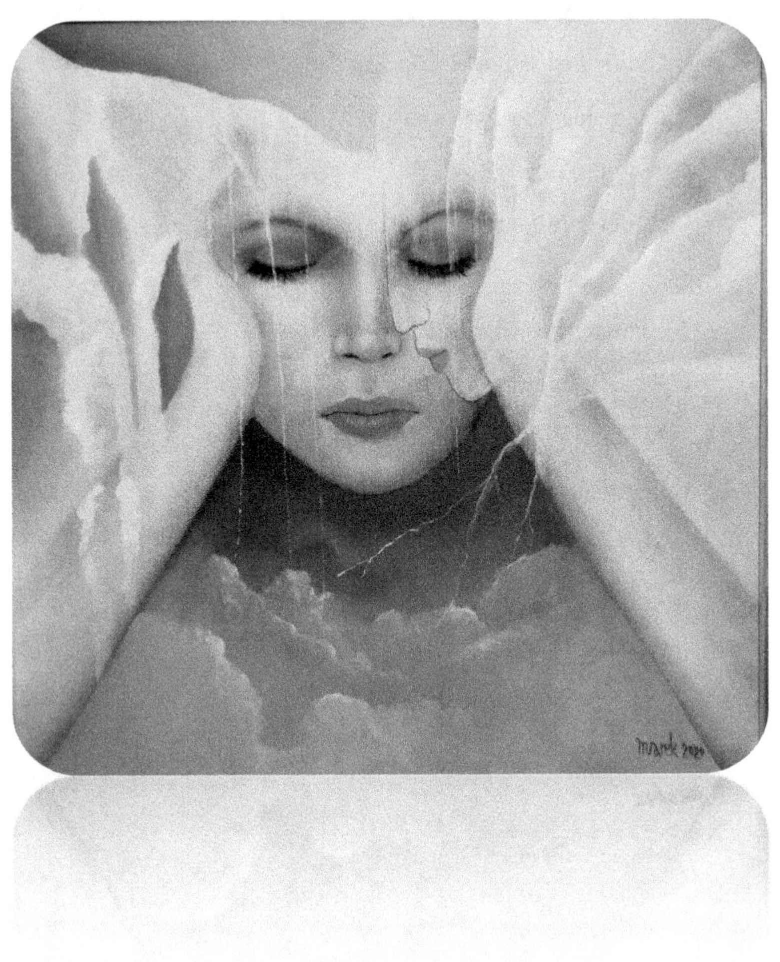

Razem

KATARZYNA NOWOCIN-KOWALCZYK

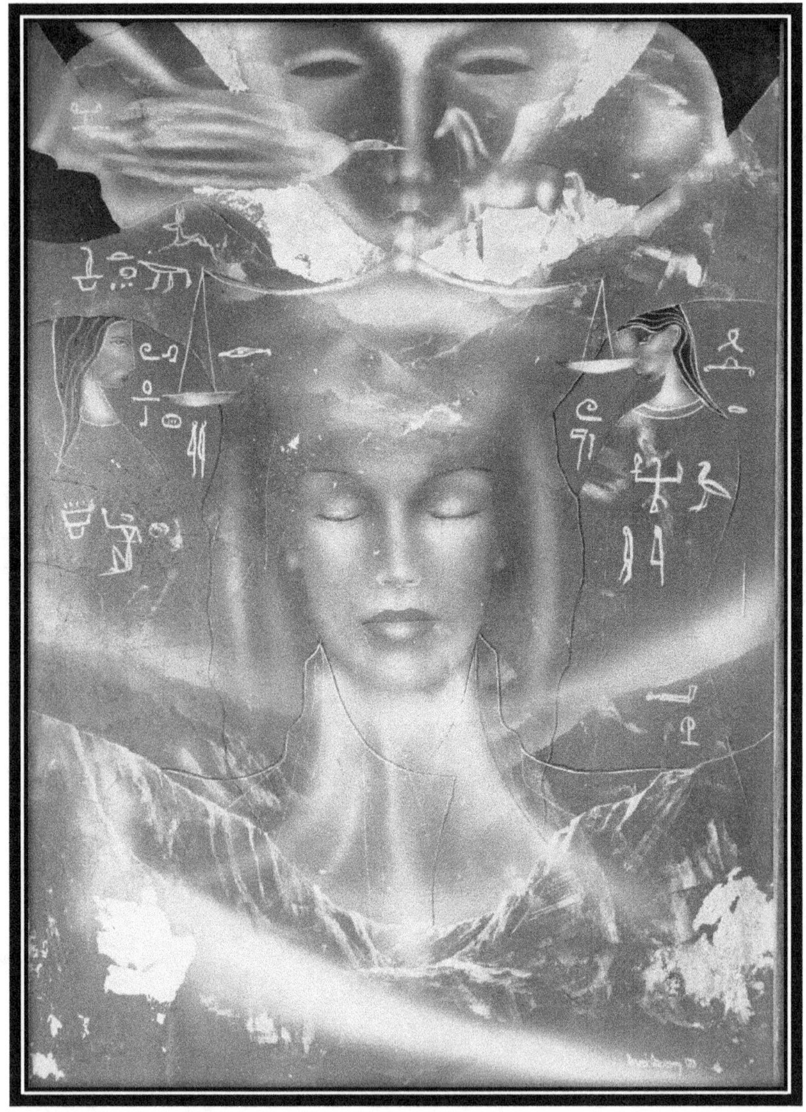

Dwa Serca

Była sobie miłość
Dziewczyna i chłopak
On kochał i Ona
I radość też była
I zaufanie

Miłość nastoletnia
Choć dojrzali byli
Historie przeżyli
Inne życia mieli
Aż się spotkali

Lecz przeszłość wróciła
Mackami oplotła
Spokój duszy zmiotła
Rozstać nakazała
I ból przyniosła

W nowe życia poszli
Dziewczyna i chłopak
Lecz nie zapomnieli
On kochał i Ona
Tęsknota była

Los mądrość pokazał
Dorosnąć nauczył
Drzwi duszy otworzył
Zrozumienie przyniósł
Miłość docenił

I miłość wróciła
Dojrzała i mądra
Z mocą swej wolności
On kochał i Ona
Tęsknota minęła

Dwa Serca

On wziął ją za rękę

A Ona za jego

Wzrok ich się skrzyżował

Słowa zbędne były

Dwa serca Jednym

Wolność

Usiadłam pod drzewem
Zmęczona
Ale szczęśliwa
Po podróży
Spokojna
Ufna

I przyszedł ktoś
Zmęczony
Ale szczęśliwy
Po podróży
Spokojny
Ufny

Wolność

I usiadł obok mnie
W milczeniu
I patrzyliśmy
W tę samą stronę
I było dobrze
Tak dobrze

Rozłożyliśmy skrzydła
Polecieliśmy wysoko
Ku słońcu
Wolni
Lecz razem
W miłości

I wreszcie było tak
Jak miało być
Od początku
Bo czasem trzeba się zgubić
By odnaleźć siebie

Miłość

Miłość przychodzi po cichu
Wiosną
Po długiej zimie
W blasku słońca
W cieple

Miłość przychodzi niespodziewanie
Kiedy nie czekasz
Nie oczekujesz
Niczego
I nikogo

Miłość przychodzi tam, gdzie drogi się krzyżują
Wybiera jedną
Wspólną
I leci do gwiazd
Niczym wolny ptak

Miłość nie kontroluje

Miłość nie walczy

Nie musi

Miłość zwycięża Miłością

Bo Miłość jest Drogą

Jedność

Jesteś
Po długiej podróży
Wróciłeś do domu
Silniejszy, świadomy

Jesteś
Wróciłeś mój bohaterze
Szkło z oka spłynęło
Rozpuścił się w sercu lód

Jesteś
Przeszłość zostawiłeś
Prawdę zobaczyłeś
Siebie zrozumiałeś

Jedność

Jesteś
Zmęczony, szczęśliwy
Miłości swej pewien
Po tej lekcji trudnej

Jestem
Dla Ciebie i z Tobą
Wierzyć warto było
W twych oczach się przejrzeć

Ja, Ty
Jeden duch ciała dwa
Wreszcie Jednością są
Miłości Magio trwaj

KATARZYNA NOWOCIN-KOWALCZYK

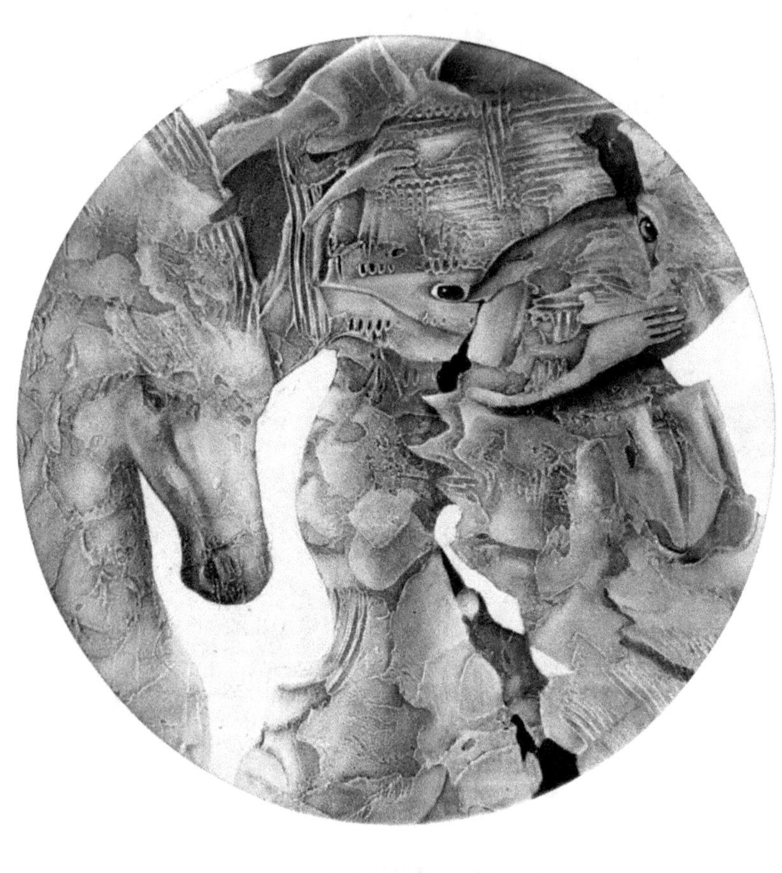

Miłość Bliźniaczych Płomieni

Nie potrzebujemy słów, aby się rozumieć
Nie potrzebujemy uszu, aby się słyszeć
Nie potrzebujemy ust, aby do siebie mówić
Nie potrzebujemy być obok, aby się widzieć
Nie potrzebujemy dotyku, aby się czuć

Widzę Cię
Ty widzisz mnie
Słyszę Cię
Ty słyszysz mnie
Czuję Cię
Ty czujesz mnie

Jesteśmy Jednością
Jedna dusza w dwóch ciałach...
Boska miłość
Miłość duchowa
Miłość wieczna
Miłość absolutna

Ja wyszłam z Ciebie
A Ty ze mnie
Jedność
Jestem całym Twoim światem
A Ty moim
Widzisz mnie i czujesz
A ja Ciebie
W każdej nanosekundzie naszego życia
Razem na wieczność
I od początku

Zawsze wiedziałeś, że Jestem
Czułeś mnie, choć nie rozumiałeś
Zawsze wiedziałam, że Jesteś
Czułam Cię, choć nie znałam
Ale znałam
A ty znałeś mnie

Nie uciekniemy
Bo ucieczki nie ma
Już to wiem
Już zrozumiałam
Już zaakceptowałam
Już nie uciekam
Już się nie buntuję
Już się nie boję
Ufam
I daję się prowadzić
Sercu
Naszej duszy

I kocham, jak ty kochasz
Na wieczność
Na zawsze
Razem
Boska miłość
Dar najpiękniejszy
Miłość bliźniaczych płomieni

KATARZYNA NOWOCIN-KOWALCZYK

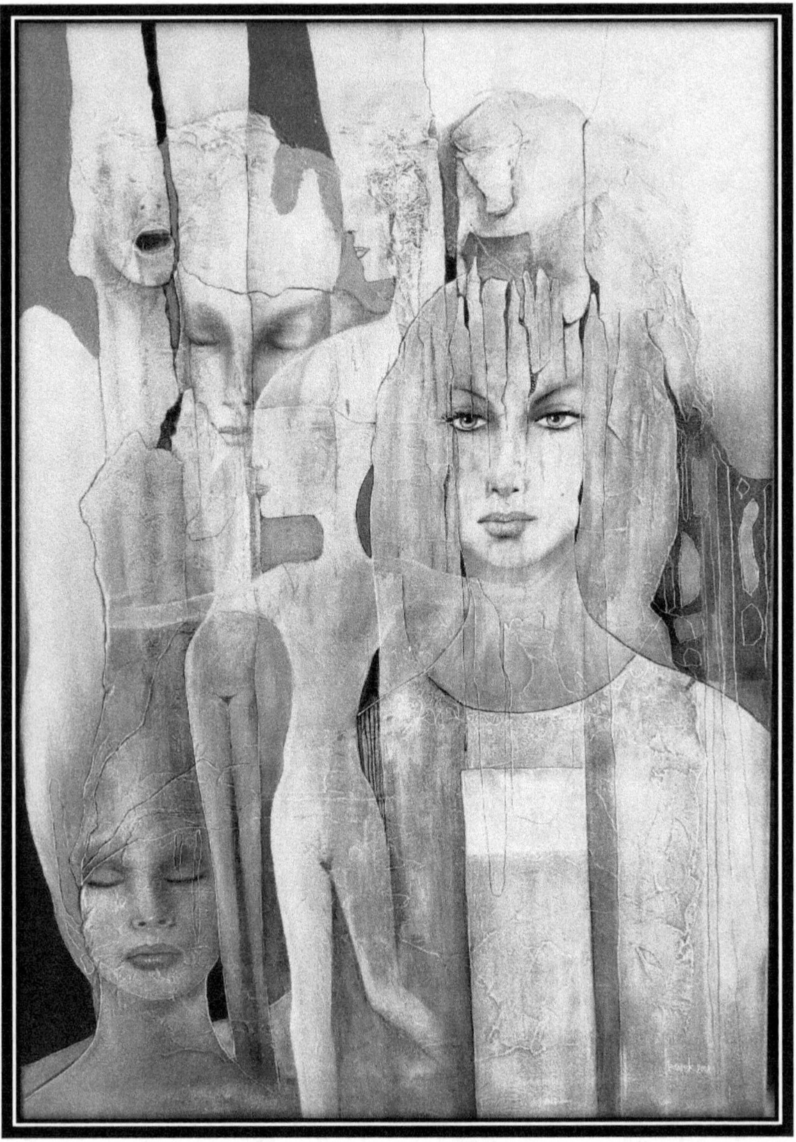

Kreacja

Wymyśliłam Cię,
Zanim Cię spotkałam
Wiedziałam, że jesteś,
Zanim odnalazłam
Znałam Cię
Zanim poznałam

Wymyśliłem Cię,
Zanim Cię spotkałem
Wiedziałem, że jesteś
Zanim odnalazłem
Znałem Cię
Zanim poznałem

I właśnie dzisiaj
Słowo stało się ciałem
Niemożliwe stało się możliwe
Jesteś
Jestem

KATARZYNA NOWOCIN-KOWALCZYK

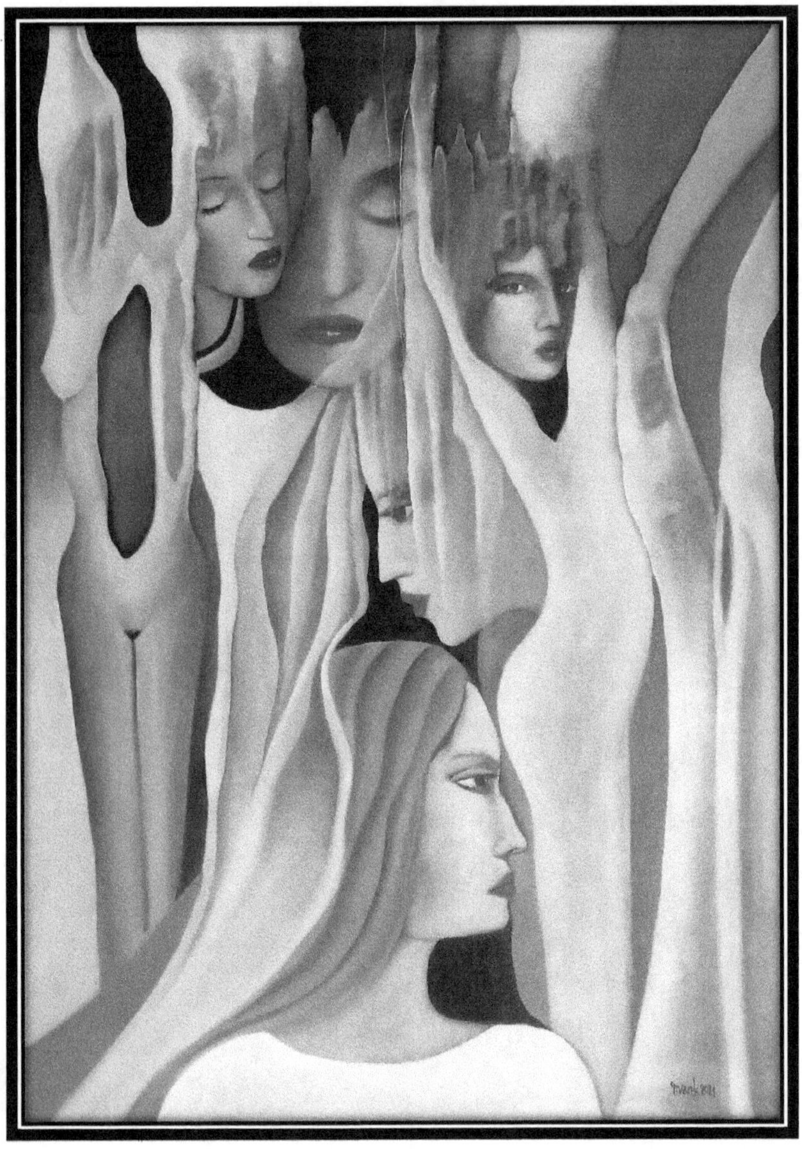

Anioły Miłości

Zatańczmy
Tańczymy w energii Miłości
Lecimy razem obok siebie
Złączeni w Miłości
Wolni w Miłości
Z wiatrem
Ku słońcu
Ty i Ja

My Anioły Miłości
Anioły Światła
Wolne ptaki Miłości
Niesiemy tę Miłość w świat
Na skrzydłach
W sercach
W słowie
Ty i Ja

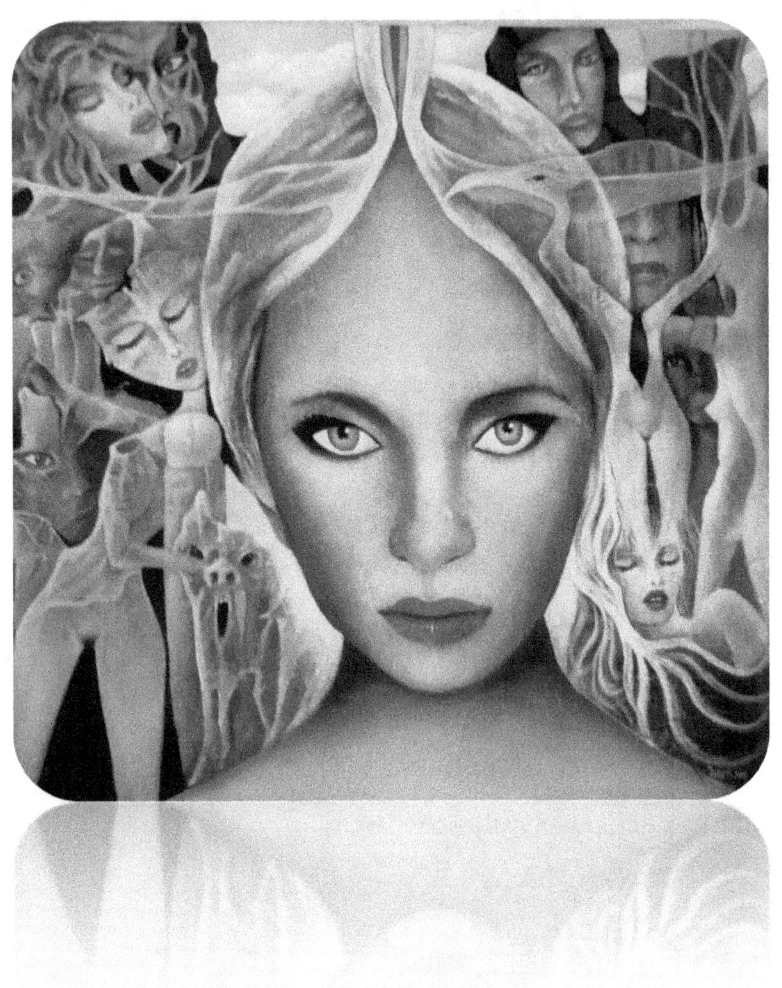

Opowiedz mi o Miłości…

Pytasz czym Miłość jest?
Miłość nie Krzyczy
Miłość nie Straszy
Miłość nie Krzywdzi
Miłość nie Więzi
Miłość nie Cierpi
Miłość nie Ocenia
Miłość nie Walczy
Miłość nie Dzieli
Miłość, po prostu Jest

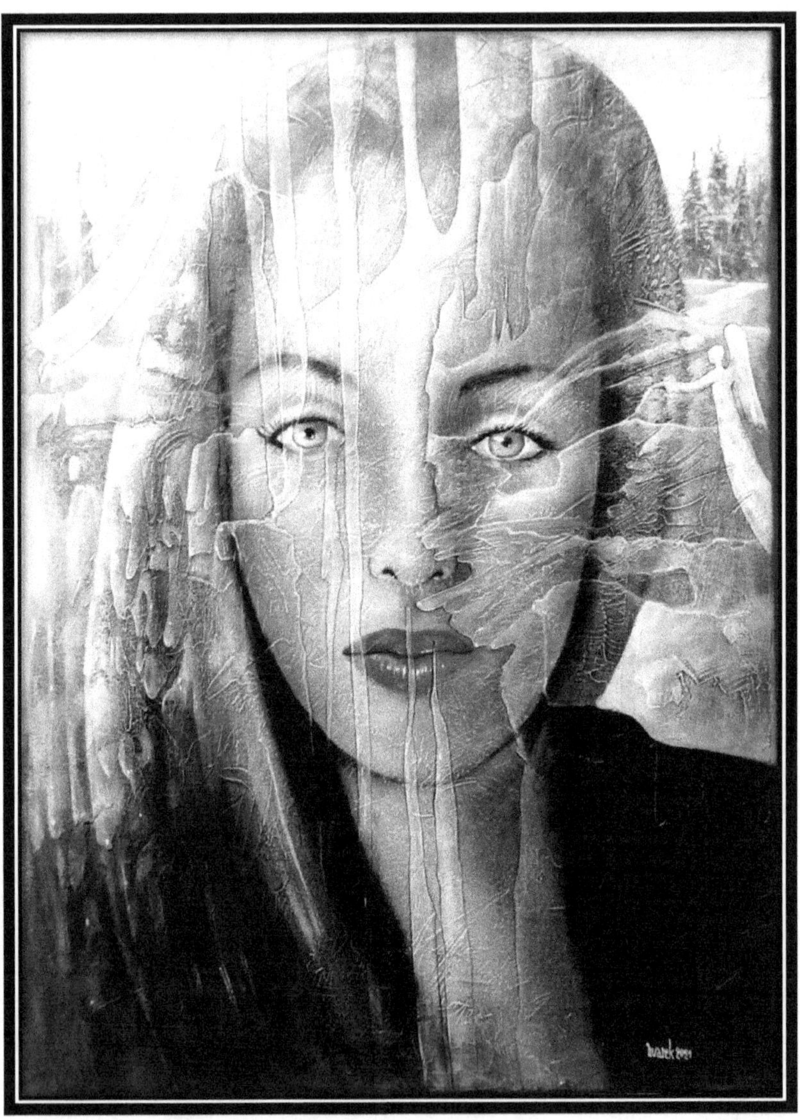

Podziękowanie

Poeta maluje słowami. Malarz pędzlem. Słowa i pędzel tworzą obrazy. Słowa i pędzel opowiadają jakąś historię. Wiele historii. Bo każda historia ma w sobie kolejne historie. I zdarza się, że przecina się droga poety z drogą malarza. Poeta patrzy na obrazy malarza i mówi zaskoczony: - Malujesz to, co czuję ja. Malujesz moje wiersze. Malujesz moją duszę. – Malarz, czyta wiersze i równie zaskoczony mówi: - Twoje wiersze opowiadają o moich obrazach. Piszesz to, co maluję ja. Opisujesz moją duszę. – Wiersz i obraz. Słowo i pędzel. Dziękuję **Marek Szczęsny** za Twoje obrazy. Dziękuję Marku, że jesteś częścią mojej podróży, zwanej życiem.

Zaprojektowanie okładki, która oddawałaby treść książki jest wyzwaniem dla grafika. Wymaga pasji, umiejętności i wyczucia. **Kay Umland** włożyła w ten projekt dużo serca. Dzięki temu stworzyła piękną szatę graficzną otulającą wiersze i obrazy. Dziękuję Kay za Twoje zaangażowanie.

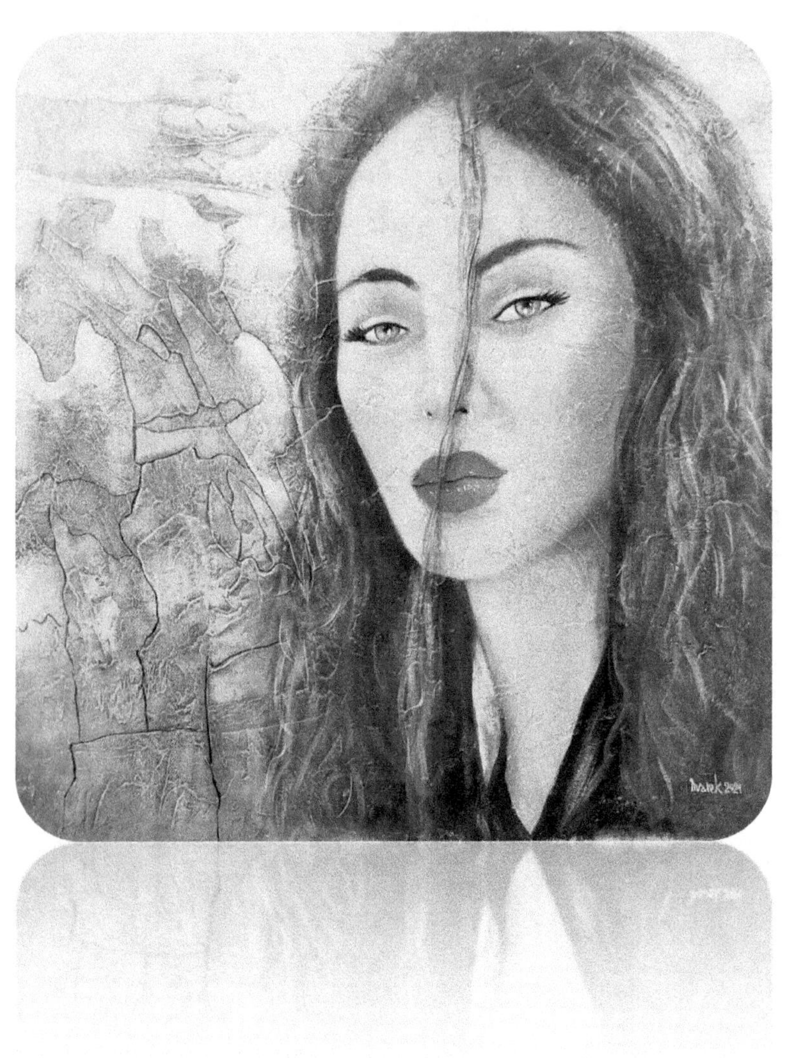

Podziękowanie

Przede wszystkim jednak dziękuję **Tobie Drogi Czytelniku.** Dziękuję za zaufanie przy zakupie tej książki i dziękuję za jej przeczytanie. Dziękuję za to, że pozwoliłeś mi zabrać Cię w niezwykłą i fascynującą podróż duszy.

Miłość to stan, którego każdy z nas doświadcza. Miłość to coś, o czym wszyscy marzymy i za czym tęsknimy skrycie. Czasem jednak zapominamy, że każdy z nas jest miłością i każdy z nas miłość w sobie niesie. I wtedy pojawia się w życiu trzęsienie ziemi. Bo to, co ważne, musi zaboleć. Inaczej byśmy tego nie zauważyli. Potrzebna jest podróż w głąb siebie, aby przypomnieć sobie i zrozumieć, kim jestem, czym jest miłość i o czym jest miłość. Potrzebny jest czas i przestrzeń, by miłość niedojrzała, stała się miłością dojrzałą. Miłością świadomą. Świadoma miłość to miłość bezwarunkowa. Aby polecieć do gwiazd, należy zrozumieć, że miłość jest wolnością.

A kiedy przypomnisz sobie kim jesteś, kiedy poczujesz tę miłość w sobie, to wtedy niemożliwe staje się możliwe. Aby to wszystko uczynić, aby wyruszyć w fascynująca podróż duszy, wystarczy tylko wypowiedzieć magiczne słowo **'Chcę…'**

Katarzyna Nowocin-Kowalczyk, autorka

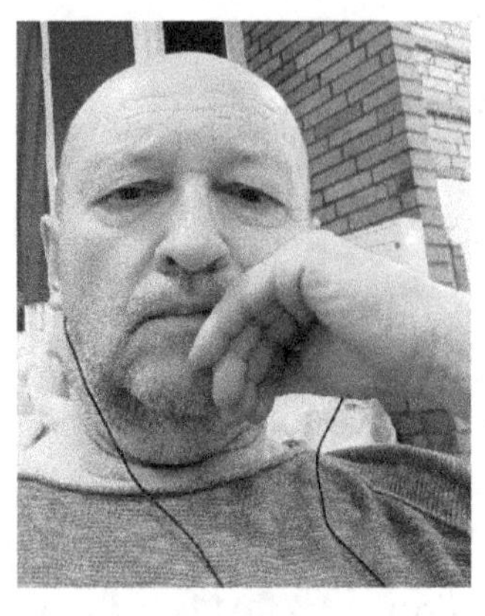

O Malarzu

Marek Szczęsny jest polskim artystą malarzem mieszkającym w Niemczech. Ukończył Państwowe Liceum Sztuk Plastycznych w Opolu, a następnie uzyskał tytuł magistra na Wydziale Sztuki Uniwersytetu Śląskiego w Katowicach/Cieszynie, na specjalizacji malarstwa. Po uzyskaniu dyplomu pracował jako nauczyciel rysunku i malarstwa. W 1987 roku wyjechał z Polski i osiedlił się w Niemczech, gdzie założył własne studio malarskie. Przez kilkanaście lat zajmował się głównie malarstwem sztalugowym i ściennym. Równolegle prowadził pracę dydaktyczną z dziećmi oraz z osobami dorosłymi. W latach 90-tych współpracował z wieloma wydawnictwami sztuki, zajmującymi się propagowaniem współczesnych twórców.

Marek Szczęsny jest autorem kilku motywów, które zyskały dużą popularność komercyjną (Venus I Red, Venus II Blue oraz Blue Man). Docenione zostały również liczne inne motywy artysty i wydane w postaci plakatów. W swoich obrazach Marek Szczęsny stosuje różnorodne techniki, takie jak olej, akryl, tempera. Sięga także po technikę Airbrush.

Artysta współpracuje z galeriami na terenie Niemiec oraz Polski, w których wystawia swoje prace malarskie na wystawach indywidualnych. Jego obrazy były także prezentowane na wielu międzynarodowych wystawach, między innymi w Polsce, Niemczech, Tunezji, Wielkiej Brytanii, Szwajcarii a także USA.

W centrum zainteresowania Marka Szczęsnego jest przede wszystkim człowiek. Bardzo częstym motywem jego obrazów jest postać kobiety. Ogromną pasją i równocześnie inspiracją jest dla niego muzyka. Od kilku lat współpracuje z kilkoma znanymi polskimi grupami rockowymi, dla których tworzy okładki do płyt.

****

Ta książka, która jest połączeniem poezji i malarstwa, była marzeniem Marka. Tak bardzo cieszył się na tę publikację. Mówił, że całe życie marzył o takim projekcie. Niestety... Odszedł kilka dni wcześniej, zanim wziął tę książkę do ręki... Ale jego obrazy zostały. I dzięki tej publikacji, w języku polskim i angielskim, wędrują po całym świecie i zachwycają każdego, kto otwiera ten tomik.

Marek Szczęsny odszedł 28.09 2022 roku.

****

Katalog Obrazów

Spis Treści

www.ingramcontent.com/pod-product-compliance
Lightning Source LLC
LaVergne TN
LVHW010621100826
845148LV00014B/3063